徐文清　主编

支持服务体系
市民终身学习的阶梯

上海遠東出版社

图书在版编目(CIP)数据

支持服务体系：市民终身学习的阶梯/徐文清主编.
上海：上海远东出版社，2025.--ISBN 978-7-5476
-2100-4

Ⅰ. G729.2

中国国家版本馆 CIP 数据核字第 2024LN1130 号

责任编辑 冯裴培
封面设计 李 廉

支持服务体系：市民终身学习的阶梯
徐文清 主编

出 版 上海遠東出版社
(201101 上海市闵行区号景路 159 弄 C 座)
发 行 上海人民出版社发行中心
印 刷 上海信老印刷厂
开 本 890×1240 1/32
印 张 6.25
插 页 1
字 数 141,000
版 次 2025 年 1 月第 1 版
印 次 2025 年 1 月第 1 次印刷
ISBN 978-7-5476-2100-4/G·1220
定 价 52.00 元

编 委 会

主　编　徐文清

副主编　顾明辉　王仁彧

成　员　（按姓氏笔画排序）

王文静　计莹斐　白淑佳　吕品一

张凤芳　沈启容　陈笑宇　周雪梅

岳　燕　邾　蕙

序

《辞海》对“体系”的解释是：若干有关事物互相联系、互相制约而构成的一个整体。时至今日，“体系”已被赋予了完整的概念界定，即由多个相互关联、相互作用的元素按照一定的规则、秩序或关系组合而成的整体结构，是具有特定功能和目的的有机系统。体系不仅强调各个组成部分的实在，更强调它们之间的内在联系和相互作用。对社会某一类体系的研究，有助于理解该类社会体系的运行规律，为其政策的制定和治理提供科学依据。对于市民终身学习支持服务体系的研究与构建，也然。

社会的发展与时代的进步，使得人类社会知识正以前所未有的速度迭代更新，人们唯有接受终身教育、融入终身学习，方能助力个体更好地适应社会更迭、人生挑战、价值创新。终身学习的理念早在20世纪60年代已得到高度关注与广泛认同。面对全球经济结构的高速转型、职业技能的不断更新、科技革命的深度拓展，单一的教育服务体系已难以满足人们多样化的学习需求和社会的多元化发展，构建覆盖全生命周期、涵盖各种教育形式的终身学习支持服务体系，已成为提升国家竞争力、促进社会公平正义、实现个人全面发展关键路径。

自党的十八大以来，终身学习已被提升至实现中国式现代化的国家战略。《中国教育现代化2035》明确提出，要“构建服务全民的终身学习体系”，强调通过制度创新和技术应用，打破传统教育的边界，让学习成为一种生活方式，让每个人都能享有高质量的教育资源。无论何时何地，都能找到适合自己的学习路径，都能获得满足个体需求的学习资源，让每一个社会成员人生出彩，生活靓丽。

终身学习不仅是广大学习者参与建设学习型社会的不懈追求与积极行动，更是推动社会发展的实践基础与永恒动力。构建终身学习支持服务体系，既是对现代教育理念的全新诠释，也是对传统教育模式的深刻变革，更是助力学习者终身学习的前行阶梯。终身学习支持服务体系是一个为不同年龄段、不同职业背景、不同学习目的的学习者提供持续、全面、多样化的学习支持服务的综合性系统，旨在满足社会成员的终身学习需求，强调教育和学习的系统性和整体性，注重全方位的学习。

构建终身学习支持服务体系的关键要素，一是要高度适应学习者对新知识、新技能的学习需求，促进人的全面发展；二是要积极推动教育公平，面向全民、面向人人，促进教育资源配置优质均衡；三是创新社会治理，激发社会活力，增强群体和谐，提升国民素质与创新精神。

上海开放大学普陀分校（上海市普陀区业余大学）以教育科研为引领、以课题研究为抓手，在终身教育实践行动中不仅积极探索了区域终身教育体系的关键要素，更为市民终身学习构建了相对全面的支持服务体系模型。基于终身学习的相关理论思考，紧扣社会发展的时代期盼，以政策支持、机制建构、资源整合、方式拓展、队伍优化为重点要素，构画了市民终身学习支持服务体系的实践蓝图。这既是普陀终身教育工作者的实践探索，更是对市民终身学习支持服务的热切初衷体现和初心践行。

《支持服务体系：市民终身学习的阶梯》融理论性、实践性与启发性于一体，对市民终身学习支持服务体系建设进行深刻理性思考，汇聚了丰富的实践智慧。本书作者以社会洞察为前提、以实践案例为基础、以前瞻思考为动力，为构建更加完善、高效的市民终身学习支持服务体系，对终身学习支持服务体系的构建进行了全面回应，奉献了精彩的求索和智慧。前三章阐述终身学习的理论基础、发展以及概念阐释，并深入探讨市民终身学习的时代需求和支持服务体系的基本内涵，为构建终身学习支持服务体系提供了理论基础和现实依据。第四章详细概述市民终身学习支持服务体系的构建举措，包括政策支持、资源供给、服务方式探索和服务队伍锻造等，为构建终身学习支持服务体系提供了具体实施路径借鉴。第五章分析市民终身学习支持服务体系构建过程中可能遇到的实践困境，为后续的解决突破提供了方向。第六章针对实践困境提出优化探索的建议，包括构建科学化学习服务机制、打造多元化学习资源集群、优化人本化学习服务方式和构筑优质化师资队伍系统等，为进一步完善终身学习支持服务体系提供了参照指导。第七章展望市民终身学习支持服务体系未来的发展方向，包括深化数字化转型、融通多元化资源、构建一体化服务、完善体系化评估和加强制度化支持等，为终身学习支持服务体系可持续发展提供了愿景。

本书有理论的深度、实践的温度和探索的热度。对于终身学习者，能引导其更便捷地找准终身学习与成长的实践通道；对于终身教育工作者，能助力其更好地服务于市民多样化的学习需求；对于政策的谋划制定者，能协助其更好地优化市民终身学习的政策支持，协同推进全民终身学习与学习型社会建设。构建终身学习支持服务体系，亟需政府、学校、企业、社区等各方强力合作,共享资源,协同推进。

随着当今信息技术的不断发展,应加快应用大数据、人工智能等先进技术,推动终身学习支持服务体系的数字化转型和智能化提升,构建更加开放、灵活、高效的终身学习生态系统。

作为市民终身学习的支持者、见证者与体验者,殷切期待市民终身学习的发展道路越来越宽广,终身学习之旅越来越多彩,支持服务体系越来越友好,学习之光与人生之美越来越互融。

2024 年 11 月

目录

第一章

终身学习的理论与发展

在知识爆炸的时代，学习不再仅限于校园之内，而是贯穿人们一生的旅程。终身学习，作为适应快速变化世界的关键理念，正日益受到人们的重视。通过深入探讨终身学习的理论基础、发展历程及其核心概念，可以描绘一幅全面而深入的学习图景，了解终身学习的起源、演变以及它如何成为我们时代不可或缺的一部分。

一、终身学习的理论基础

在构建终身学习体系的宏伟蓝图中，坚实的理论基础为我们指引方向。从全纳教育的包容性理念，到成人学习理论的实践智慧，从人力资本理论的经济视角，到新公共服务理论的社会责任，再到社会治理理论的宏观框架——这些理论共同构成了终身学习的多元理论基石。不仅深刻揭示了终身学习的内在价值与外在动力，更为从业者理解和实践终身学习提供了丰富的理论资源和深刻的思想启迪。

（一）全纳教育理论

全纳教育作为一种全新的教育理念，由联合国教科文组织于1994年在西班牙萨拉曼卡召开的“世界特殊需要教育大会”上正式提出。在这以后,世界上很多国家开始秉承全纳教育理念并在本国开展教育改革的试验。全纳教育的理念在实施过程受到了不同国家的人口、文化、教育背景等多重因素影响,世界范围内也曾对其内涵进行过激烈争论。在我国,全纳教育初期的关注点仅聚焦于特殊教育领域,目的在于解决特殊儿童的教育需求问题。实际上,全纳教育的内涵广泛,涵盖了包括教育民主、教育平等、教育多样化等多方面内容,可以将全纳教育定义为:“一种全新的教育理念和一种持续的教育过程,接纳所有学生,反对歧视和排斥,促进积极参与,注重集体合作,满足不同需求,最终目的是建立全纳社会”。

从全纳教育的定义来看,全纳的核心首先是接纳,反对排斥。从这个角度而言,终身教育服务应当以市民的需求为出发点,不排斥任何小众及特殊人群,为所有市民提供所需的终身教育服务。

根据全纳教育的主张,不仅要把所有的人接纳进教育实践中,更重要的是还要积极地对待他们。终身教育服务在主张上与全纳教育相同,并且终身教育服务的有效开展不仅仅依靠教育行业工作人员,同时还需借助多方力量,比如政府购买教育服务、社会组织参与等,更重要的是需要得到市民这一群体的积极响应,通过多方力量的共同努力达到终身教育服务的有效开展。

全纳教育的思想认为人是存在差异性的,因此教育的内容必须适应不同儿童的需求。在终身教育服务的提供过程中,同样要求服务的提供者根据学习者的不同教育需求提供不同的教育服务,由此可见这其中包含的多样性,譬如青少年儿童的课后辅导、成人的技能提升教育、老年人的适应社会教育等。

从全纳教育的过程来看，这是一个长期的、持续的教育过程，这样的教育注定不是一种短期的行为，也并非是将全部受教育者纳入学校就算结束，而是要提供长期的、高质量的教育，并且还要积极改变社会中存在的歧视和排斥，创造一个全纳的社会。终身教育服务与其殊途同归，终身教育服务并不是在某一阶段或某一时间节点提供一些教育服务，在这段服务结束之后就算完成。终身教育服务是一个需要紧跟时代步伐的，需要在知识更新换代周期变短的时代背景下，为市民提供长期的、适应时代需求的教育服务，在知识更新之后迅速调整服务的内容，从而适应时代变革的需求。

（二）成人学习理论

美国梅立安等成人教育学家对成人的教育学习进行过深入的探讨，结合他们研究的结论可以将成人学习提炼出以下五项特征。

第一，独立的、自我指导学习的能力。一个人从小孩到长大成人，其性格一般也会随之改变，从开始的依赖到后来的独立。成人的自我判断能力和意识比较强，成年人一般都会认为自己已经有处理事件的能力，并能够自我完善。

第二，丰富多样的个性化经验。成人的生活阅历和工作经历相对来说较为丰富，已有的知识、经验是其继续学习的基础和依托。成人在继续学习过程中需要充分利用各自不同的个性经验，激发活力、增强动力，不断丰富学习内容，以此来提高学习效果。

第三，学以致用，明确学习目标，注重解决问题的能力。企业员工通过参加培训学习可以提升自己的专业技能，更好地适应企业发展的需要,不断提高自己的职位。成人要明确在学习中的方向和目的,注重培养并提升自己解决问题的能力,并且学以致用、实干笃行。

第四,学习能力具有独特优势。虽然成人在感知的敏锐度与记忆的瞬时捕捉上稍逊于青春洋溢的青少年,但是岁月的沉淀赋予了成人更加丰富多元的想象力与深刻独到的思维力。这是成人强大的学习潜力所在,也使得成人在学习征途上不仅能够吸收新知,更能用智慧的光芒去照亮前行的道路。

第五,强烈的参与学习意识。成人学习多采用对话的方式开展,以激发深度参与的学习热情。通过生动而高效的对话交流,不仅可以打破信息的单向传递,更能促进知识在参与者之间的深度碰撞与融合,让学习成为一段双向奔赴、共同成长的旅程。

从成人学习理论可以看出,终身教育服务体系的构建可以为成人学习铺设坚实的基石,也能创造惠及市民终身学习的有利条件。

(三) 人力资本理论

1906 年,欧文·费雪提出人力资本的概念,并将其运用于经济学理论分析中。人力资本指的是通过对人的投资,使人们获得体力和脑力,而这种体力和脑力又影响生产和收入的增长。在这些投资中,主要的是保健支出、普通教育(初等、中等和高等教育)费用、职业训练费,包括劳动过程中的重新训练与提高熟练程度的费用、成人教育计划、劳动力迁移以适应发生变化的劳动市场。可以将人力资本理解为通过人力投资形成的资本,这种投资主要包括教育、医疗保健、劳动力迁徙、移民、信息获得等促进劳动力再生产的费用支出。

构建市民终身学习服务体系强调个体要通过贯穿其一生的教育活动来应对不同生命阶段的挑战,同时强调国家和社会需要给个人提供随时随地接受各种教育机会的教育网络。具体而言,人力资本理论对体系构建的影响主要包含以下三个方面。

第一,加深社会各界对教育的认识。随着知识经济时代的发展,人们逐渐认识到知识在社会经济增长中的重要作用,而接受过教育的人在知识的掌握、传递和运用中扮演重要角色,知识经济的产生归根结底是基于人力资本在经济增长中的决定性作用,并且教育在其中不再是一种单纯的消费行为,而是具有长远收益价值的投资行为。教育投资是人力资本投资的主要部分,它作为一种生产性投入,能够通过教育活动来挖掘和开发人的各项潜能。

第二,推动终身教育等相关理念的产生与发展。人力资本理论的提出深刻地影响了人们的投资观念和对教育的认识。人力资本的原始积累得益于传统学校教育,而构建市民终身学习服务体系可以使人力资本不断增值。该理论使人们更加关注教育并希望通过不断接受教育提升和完善自我,实现知识和技能方面的"增值",这在一定程度上推动了终身教育等相关理念的产生与发展。

第三,明确构建市民终身学习服务体系的核心要素是个体终身全面发展。该体系构建的出发点之一是为国民提供终身能够接受教育服务的组织体系,由此来促进人的终身全面发展。其与人力资本理论一样,都关注个体的发展以及给社会带来的效益。相比之下,构建市民终身学习服务体系不仅关注教育给社会发展带来的经济效益,也关注教育在社会凝聚、个人全面发展、教育体系优化等方面的作用,是一种更为整体性和综合性的考虑。

(四) 新公共服务理论

在公共管理领域的研究中,以美国公共管理学家罗伯特·登哈特为代表的一批学者提出的新公共服务理念最具代表性,他们的研究方向主要体现在针对新公共管理理论存在的问题提出了质疑性的观点和反思。

在新公共服务理论之中,其服务宗旨为以人为核心,强调公民在社会系统中的重要作用,并强化政府职能的转化,认为政府相关人员的工作职责是建立完善的社会公共服务系统,而非是进行职能的掌控,这也是当前新公共服务理论中针对国家政府人员职责的明确规定。

作为一种现代公共行政理论,新公共服务理论主要包含以下几方面论点:首先,政府职员不应该对民众不热情和服务不到位。其本职工作应该是为人民服务,帮助人民群众解决生活困难,努力提高社会生活水平,全心全意服务于人民,而非权力的掌控。根据新公共服务理论,行政官员再也不是以前意义上的单纯的服务者,而是变成了联系上层和群众的中介者。除此之外,新公共服务理论的核心在于将公共所有权益作为服务的主要目的,而不是像之前作为政府服务的附属物品而存在,如今政府主要的职能目标就是帮助广大人民群众实现利益。其次,还要求政府能够用具有战略性的思维模式,结合人民现实生活情况,制定出具有民主特点和可行性的规划方案。在所有成员共同讨论和协商的基础上所形成的政策可以更好地满足公众需求,并通过提高个体的文明素养和社会责任感,最大程度汇集社会各阶层、各领域的智慧和力量，共同实现预期目标。另外，政府的服务对象是社会公民，这一点必须得到明确。政府不是为了一些个人和组织利益实现而服务，而是为了实现更广泛的人民权益。政府部门要做到积极提升公共服务质量，必须将眼光放长，为社会公众实现利益最大化而服务。政府应当以人为本，不能只追求得到较高的生产率，而是应该让人们得到所需的服务与收益。由此可见，政府不仅需要对市场状况进行实时关注，还需要结合法律法规对事件进行合理分析，在熟知职业规范的同时，更好地维护人们的正当权利。

新公共服务理论同样强调对人权的尊重和以人为本。所谓公共服务，顾名思义，其服务对象应该是全体民众，也就是说公共服务其实质是以尽可能满足所有群众的需求为前提。既然公共服务的对象是公民，那么在制定相关决策时，就应该注重民众的感受，倾听民众的需求。这就要求应在一定程度上给民众参与决策制定的权利，对民众提出的建议予以探讨，对合理的建议积极采纳。与此同时，在决策制定时避免有失偏颇，应该以全体公民的利益为基准衡量，不断强化公民自身的权责意识。两者相辅相成，可以提高民众对政府的信任度和支持率。

从新公共服务理论中可以看出，政府要创造各种条件为民众提供各种优质的公共服务，包括市民终身学习支持服务体系的建设。同时也可以促使民众积极参与支持服务体系建设，通过提升民众参与度确保终身教育服务体系的惠民性和服务对象的广泛性。

（五）社会治理理论

1970 年至今，大部分西方国家在对政府部门进行体制改革和完善的过程中，不断意识到部分资源配置的不科学性。造成这种现象既有政府管控乏力的原因，也有市场调节失灵的因素。社会事务是一个庞杂的综合体，参与社会事务的管理更应由政府主导和多方合作，这样才能够将社会事务处理好。基于这种市场背景环境的“治理理论”逐步成为西方国家学术界重要研究方向之一。社会治理理论一经抛出，就得到了社会各界的认可，该理论并不认为政府部门是社会事务唯一的管理者，而更应该体现出参与者的姿态。

社会治理必须按照公平、公正、公开的原则在合理合规的框架内依法治理，只有将公共利益最大化才能够实现国家的长治久安。在治理的过程中，可以引入社会要素参与社会公共事务管理，政府部门要着眼于身份的转变，做好服务工作，积极倡导公共服务市场化运作，并积极推进社会化进程，促进基层政府社会治理能力的提升。

世界范围内关于治理有着很多层面的定义，由全球治理委员会提出来的社会治理概念相对更权威。1995 年，全球治理委员会对治理给出了解释，即治理是或公或私的个人或机构经营管理相同事务的诸多方式的总和，这个解释可以让一些互相冲突的利益得到有效调和。任何一种国家治理都是由国家相关机构同意并授权的行为，它可以让人们服从于国家的法律及规章制度。由上述分析可以发现，社会治理不等同于社会管理，社会管理是政府的职责所在，涵盖了对社会公共事务的全面规划与执行，旨在优化并保障民众的物质生活与精神文化需求。政府作为社会治理的首要责任主体，承载着处理各类社会事务的重任，同时，也可通过合理机制将部分职责委托给相关社会组织，实现共治共享。随着民主政治进程的不断推进，要进一步转变政府职能，建设职能完备、结构优化、廉洁高效、人民满意的服务型政府，为社会民众提供优质的公共教育服务和终身学习的软硬件设施，助力社会个体全面发展，彰显政府在社会治理中的引领与支撑作用。

二、终身学习的理论发展

通过深入探索理论如何赋能终身学习可以发现：全纳教育理论的包容与平等为终身学习铺平了道路，成人学习理论的实践智慧让终身学习更加贴近学习者的真实需求，人力资本理论的经济视角揭示了终身学习对个人成长与社会发展的深远影响，新公共服务理论的社会责任赋予终身学习服务公众、促进社会进步的崇高使命，社会治理理论的宏观框架为终身学习构建了多元共治、和谐发展的生态环境。

（一）全纳教育理论赋能终身学习

全纳教育，也称为包容性教育，旨在向所有人，无论他们的性别、身体状况、学习能力、文化背景或其他特点，提供平等的受教育机会。全纳教育理论强调尊重每个学习者的个体差异，并提供针对性的支持和服务，以帮助所有学习者都能拥有学习机会和得到发展。全纳教育理论赋能终身学习的方式有以下五个方面。

第一，提供平等的学习机会。全纳教育可以确保所有学习者，包括传统的教育体系中可能被边缘化的学生，都能获得学习的机会。这为全体民众享受终身学习奠定了坚实的基础，因为每个人都有持续追求学习和个人发展的权利。

第二，激发学习兴趣和动力。全纳教育根据每个学习者的特点和需求提供个性化的学习计划和支持，使每个学习者都能在自己的领域内发挥潜力。通过关注学习者的风格和特长，激发他们的学习兴趣和动力，使他们更加愿意将时间和精力投入到学习和发展中。

第三，提升自主学习能力。全纳教育强调学习者的主体性和自主性，鼓励学习者积极参与学习过程，培养他们的自主学习能力。这种能力对于终身学习至关重要，因为它使个人能够在没有教师直接指导的情况下继续学习和成长。

第四，促进思维和能力发展。全纳教育注重培养人的批判性思维和问题解决能力，使学习者能够独立思考和分析问题，并找到解决方案。这些能力在终身学习过程中尤为重要，能够帮助学习者应对变幻莫测的时代挑战和发展需求，在复杂的社会环境中站稳脚跟。

第五，培养全面发展的人。通过个性化教学和支持措施，全纳教育不仅关注学习者的学术成就，还注重培养他们的综合素质和能力，包括沟通、合作与同理心等社会情感能力，使他们能够全面发展并适应人类社会的变化无休。

（二）成人学习理论赋能终身学习

成人学习理论强调了成人拥有的学习特点和规律，而个体持续一生坚持不断地学习和发展的行动就是终身学习。成人学习理论为终身学习提供了以下理论支撑和实践指导，使得成人能够更有效地进行终身学习。

第一，明确学习目标。成人学习理论强调成人学习的自主性和目标导向性，这有助于成人明确自己的学习目标，增强学习动力，从而更积极地投入到终身学习中。明确的学习目标有助于成人学习者保持学习的方向性和动力，并通过制订学习计划实现有条不紊地学习。

第二，提高学习效率。成人学习理论基于成人的经验基础和社会情境倡导利用已有的知识和经验进行学习，通过新旧知识的联结形成完整的知识体系，助力成人迅速掌握新知识、提高学习效率。

第三，促进全面发展。成人学习理论鼓励成人进行跨学科、跨领域的项目化合作学习，这符合他们在生活中的不同社会角色需要，有助于拓展实践视野、提升综合素质、解决实际问题，从而实现人的全面发展。

第四，探索学习方式。成人学习理论鼓励成人根据自己的学习习惯和时间安排，探索适合自己的学习方式，包括在线学习、阅读书籍、参加讲座、实践操作等，以满足成人学习者不同的学习需求，提高他们的学习兴趣和参与度。与此同时，通过参与学习社群的交流活动与经验分享，可以了解不同的学习方法和观点，以进行自我诊断、自我调节，为自己提供情感支持和实践动力。

（三）人力资本理论赋能终身学习

人力资本理论认为，对个体知识、技能、健康及经验等生产性素质的投资能够带来经济增长和个人收入提高。这一理论为终身学习提供了坚实的理论基础和实践指导。以下是对人力资本理论赋能终身学习的详细分析。

第一，增强学习动力。人力资本理论强调，人力资本投资对个人收入提高和经济增长非常重要，可以增强成人终身学习的动力。持续学习和技能提升可以增加就业机会和提高收入水平,从而实现个人价值的最大化。

第二,指导学习内容。人力资本理论指出,教育和健康是提高劳动生产率的主要途径。进行终身学习应注重对专业知识的掌握和实践技能的提升,以更好地适应市场需求和职业发展。

第三,推动学习实践。人力资本的形成和积累需要持续的投资与培养,倡导成人要关注教育和健康等方面知识和技能的提升。成人应将终身学习视为一种长期的投资行为,积极参与在线课程、职业培训、工作经验积累等各种学习实践活动,可以不断提升自己的人力资本价值,实现个人和社会的共同发展。

(四) 新公共服务理论赋能终身学习

新公共服务理论在赋能终身学习方面发挥了重要作用,主要体现在以下五个方面。

第一,公民参与和需求导向。新公共服务理论重视公民参与和需求导向,并将公共服务置于公民需求之上。这种理论在终身学习领域的应用,意味着教育服务应更加注重学习者的个性化需求,提供定制化的学习方案和资源。这种以学习者为中心的服务理念,有助于终身学习体系的高质量建构,更好地满足民众"上好学"的需要。

第二,公共利益和共同责任。新公共服务理论认为,公共利益既是管理者和公民的共同利益,也是共同的责任。在终身学习领域,这意味着教育服务不仅应关注个人的学习需求,还应致力于构建学习型社会,促进社会的整体进步。通过积极推进终身学习支持服务体系建设,可以激发公民的学习热情和社会责任感,共同为实现社会发展贡献力量。

第三，多元化和整合。新公共服务理论鼓励不同部门之间的合作和协调，实现公共服务的整合和优化。在终身学习领域，这意味着应打破教育资源的壁垒，实现跨领域、跨行业、跨地域的资源共享和整合。例如，通过建设教育云服务可以聚合更广泛的智力资源，开展在线教育服务，为不同区域的社会个体开展终身学习提供支持服务。

第四，创新和效率。新公共服务理论鼓励公共服务机构采用新技术和方法，提高公共服务的效率和质量。在终身学习领域，这意味着应充分利用各种创新技术与优势推动教育转型发展。通过构建以学习者为中心的教育教学场景，培育跨学科、跨领域、跨时空的学习共同体，从而形成教育范式创新，提高学习效率和效果。

第五，民主对话和共同领导。新公共服务理论认为公共组织及其所参与的网络如果能以尊重所有人为基础，加强合作和共同领导则更有可能获得成功。在终身学习领域意味着应建立广泛的社会参与机制，鼓励公民、企业、社会组织等多元主体共同参与终身教育体系的建设和运营。通过共同制定学习规划、共享学习资源、评价学习成果等方式，可以形成多方共赢的合作模式，推动市民终身学习健康发展。

（五）社会治理理论赋能终身学习

社会治理理论强调多元参与、协同合作与资源共享，这些思维也是市民终身学习支持服务体系的关键要求。具体涉及以下方面。

第一，多元参与。社会治理理论鼓励政府、社会组织、企业、个人等多方主体共同参与，而政府、学校、社区、企业、家庭等多元主体共同参与的支持服务体系必将有效推动市民终身学习的深化发展。由政府主导形成的多元主体参与的社会治理模式同样可以为学习者提供丰富多样的学习资源和机会。

第二,协同合作。社会治理理论强调不同主体之间的协同合作,以形成的合力解决问题。在终身学习领域,这意味着各方主体需要打破壁垒,建立有效的合作机制,共同推动终身学习体系的建设和完善。例如,政府可以制定终身学习的支持政策,学校和企业可以提供学习资源和平台,社区和家庭可以营造学习氛围和提供支持。

第三,资源共享。社会治理理论注重资源的优化配置与共享。在终身学习领域,这体现为学习资源的开放共享和高效利用。通过建设开放的教育平台、推广在线学习等方式,可以实现学习资源的广泛和高效共享,为更多市民提供学习机会和资源支持。

社会治理理论在赋能终身学习方面具有重要意义。它不仅能够促进学习资源的优化配置和广泛共享,提高学习效率和质量,还能够激发学习者的学习兴趣和积极性,推动全民终身学习,构建学习型社会,促进社会的整体进步和可持续发展。

案例1

理念引领　推进发展　创建优质

——上海市普陀区桃浦镇社区(老年)学校提质创优

背景:桃浦镇社区(老年)学校立足社区发展实际,紧贴社区居民多元教育需求,围绕建设“美丽桃浦　美好生活”的共同愿景,推进社区教育的协调发展、特色发展和持续健康发展。

实践：学校融入“家门口”的社区服务体系，夯实覆盖全镇、布局合理的社区教育网络。依托“TOP乐学堂”等平台，将优质师资、公益课程送到居民家门口，扩大居民学习参与面。同时，积极开展社区教育理论与实践研究，提升专职教师教学水平和教育管理能力，并积极引进、挖掘、培育兼职教师和学习志愿者队伍。此外，结合居民学习需求调研，组织专兼职教师开展教学研究，不断丰富课程学习内容，提升课程开发质量。

成效：桃浦镇社区(老年)学校通过深化探索、提升效能等措施有效推进了社区教育均衡化发展，逐步缩短了镇域内不同教育机构的教学质量与服务水平的差距。同时，通过设置多样化课程满足了不同人群个性化学习需求，提升了居民的学习满意度和幸福感。

三、终身学习的概念阐释

从终身教育与终身学习的紧密联系，到学习力与终身学习力的深度剖析，从学习型社会与学习型城市的宏伟构想，到适合教育与个性化学习的实践探索——这些概念共同构成了终身学习的丰富内涵与广阔视野。

(一) 终身教育与终身学习

“终身教育”一词是由保罗·朗格朗于1965年在联合国教科文组织召开的第三届成人教育国际促进会议上正式提出。之后，终身教育理念受到众多国际组织及国家的认可与推广，成为世界上得到广泛认同的重要教育思潮。综合来看，可以将其界定为“人在一生中受到的各种教育的总和，是社会各类文化机构和场所提供的一切正规、非正规和非正式教育的总和”①。

终身学习是指一个人从摇篮到拐杖的终身不断学习。终身学习强调所有年龄段的人、任何部门或地区的人都可以成为学习者，强调学习内容、方法等要素的多样性。终身学习是伴随社会经济发展而产生的，是教育社会化的产物，是跨越人的一生的持续学习过程。终身学习适应了社会化的发展，已不再简单地表达为传统意义上的“活到老学到老”，而是体现为顺应社会发展的多样化的学习形式和学习内容。

在日常语境中，终身教育与终身学习这两个概念常被视为同等意义而被交替使用。然而严格来讲，这两个概念并不完全一致。终身教育主张为学习者提供贯穿一生的教育服务，终身学习更强调学习者的主体学习地位与权力，关注学习者个体的成长发展。“近年来，终身学习的概念在使用的深度、广度和重视程度上，均有超越终身教育的态势”②，人们逐渐将关注点转为对自主学习活动的支持和促进，推动终身学习的发展。

（二）学习力与终身学习力

“学习力”一词是学习型组织管理理论中的核心概念，后来教育研究者将其从管理学领域逐渐迁移到教育领域，并得到日益广泛的关注。学习力是指一个企业、一个组织或一个人的学习动力、毅力和能力的综合体现，是把知识资源转换成知识资本的能力。学习力是学习型社会个体应具有的最本质、最核心的

① 厉以贤. 学习社会的理念与建设[M]. 成都：四川教育出版社，2004：118.

② 吴遵民. 现代国际终身教育论[M]. 上海：上海教育出版社，2021：22.

能力，是人们获取知识、使用知识和创造知识的能力，是衡量组织和个体综合素质、核心竞争力的动态尺度。

终身学习力的概念可以界定为，学习者为了把知识资源转换成知识资本以适应工作、学习和生活而进行终身学习所需具备的知识、技能和学习心理。终身学习理念体现的是人类对教育发展客观规律的认识与遵循，终身学习力是落实终身学习理念、取向和模式，推动全民终身学习与学习型社会建设的根本保障。

学习力与终身学习力都是促进个体成长和持续发展的核心动力。学习力可以激发个体学习潜能，增强学习动机，提高学习效率，促进个人在认知、情感、态度等方面的成长和进步。在快速变化的社会中，终身学习力可以帮助个体不断更新知识体系，持续跟进社会发展，永葆个体竞争力与创造力，实现自我价值超越。

（三）学习型社会与学习型城市

“学习型社会”概念是美国教育学家罗伯特·哈钦斯于1968年首次提出的。他认为：所有成年男女，仅经常地为他们提供定时制的成人教育是不够的。除此以外，还应制定以学习成长和人格构建为目的的制度（Educational System），并由此建立一个朝向价值的转换和成功的社会。① 学习型社会是一个鼓励、支持和促进全面学习、终身学习和多样化学习的社会，是一个以终身教育体系为基础，以学习者为中心，人人均能终身学习的理想社会。哈钦斯首倡的学习型社会作为终身教育理念推进与深化过

① R. M. Hutchins. The Learning Society [M]. New York: Frederick A. Prager Inc., 1968.

程中的新构想,唤起了人们对终身教育与终身学习的深层思考与探讨。

学习型城市是学习型社会在城市范围内的具体表现形式或实践途径,它强调城市应成为一个充满学习氛围、支持全民终身学习的空间。2003年12月,中国学习论坛首届年会通过的《学习型城市发展宣言》从九个方面阐述了学习型城市的内涵:即以人为本、全民学习、教育终身化、人力资源能力建设、学习力、创新、竞争与合作、协调发展和城市文明。该宣言充分体现了学习型城市"以人为本"的城市发展观;体现了学习型城市创建全民教育、终身学习体系,实现人的全面发展的根本目标;体现了学习型城市提升社会组织和个人学习力、创新力、竞争力的内在价值,及其为整个城市的繁荣、文明所坚持的全面协调与可持续发展的前进方向。随着全球化、信息化和城市化进程的加快,学习型城市的建设逐渐成为许多国家和地区提升城市竞争力、促进城市可持续发展的重要手段。学习型城市相较于学习型社会,更加注重城市文化的建设和学习氛围的营造,强调城市应成为一个充满创新活力和人文关怀的学习空间,让学习成为市民的一种生活方式。

学习型社会和学习型城市是两个相辅相成、相互促进的概念。学习型社会为学习型城市提供了理论指导和宏观愿景,而学习型城市则是学习型社会在城市发展中的具体实践和生动体现。两者在发展历程、文化内涵和社会结构等方面紧密关联,共同致力于构建一个充满学习氛围、支持全民终身学习的美好社会。

（四）适合教育与个性化学习

《现代汉语大词典》中对“适合”的解释是“犹符合、犹适宜”；《现代汉语辞海》对“适合”的解释是“符合（实际情况或客观要求）”。通过对适合教育的思想观点进行深挖可以发现，适合教育中的“适合”可以包括适当、适量、适时、适龄，以及合理性、合乎性、恰当自如、协调平衡等，体现包容、广纳、平等意蕴。适合教育就是让适合的教育工作者运用适合的方式教育学习者，以达到教育的适切性，从而实现人的全面发展的教育主旨。追溯历史，我国自古以来就有类似适合教育的提法，如因材施教。适合教育作为一种理念，近年来在基础教育领域得到了广泛关注与应用。适合教育以学习者的发展与进步为出发点和落脚点，尊重学习者作为共性和个性的统一体，成为适合学习者需求的教育。适合教育既要遵循教育基本规律，按照国家对公民素养的基本要求，实施符合国家和社会发展要求的教育，适合所有学习者的共性需求；又要尊崇人性，对不同个体因材施教、因势利导，促进个性化发展，适合不同学习者的个性诉求。

多维度审视适合教育，其内涵也可以从不同角度加以诠释。第一，从教育哲学角度来看，适合即合规律性、合价值性、合目的性。具体表现为合乎学员身心发展的规律，以终身学习的内驱力为引擎，合乎社会各年龄段受众群体的身心发展特点进行终身教育，实现终身发展，这合乎教育的价值和目的。第二，从人的价值角度来看，教育和学习的全部活动在于提高、扩展和增强人的价值，在于让受教育者认识到自己的价值，适合的教育就是适合每个市民的身心发展，适应社会的持续进步。马克思的全面发展教育观认为人受教育的最终目的即实现人的全面发展，适合的教育必然是实现个体与社会价值的统一，既彰显了人的主体生命价值观，实现自由且全面发展的个体独立性，又体现了人的终身社会化和可持续发展的社会价值，实现适应性功能与发展性功能的统一。第三，从教育的社会功能来看，适合教育是适合生活的教育、适合生命的教育、适合发展的教育。教育即生活是终身教育的突出特点，它贯穿人一生的全程，生命不息，学习不止，这是对个体终身社会化的理念落实，是践行教育来自生活、适合生活的理论依据。终身教育的全员性、全龄性、全面性从客观上使得教育与生活紧密联系，践行于市民主体，并多以因材施教等方式呈现。除了传统的学校课堂学习，网络学习、团队学习、人文行走、研学游学等形式的学习切实满足了不同类型市民的不同学习需求。适合的教育还顺应了市民终身发展的规律，与其生活与学习相联系，在学习内容、学习规律、学习方法等方面都发挥了对个性化学习与包容式成长的促进作用，以及对怡养全民高雅性情、提升民众综合素养等方面的培育作用。

适合教育的理念强调的是应根据学生的个体差异和需求来提供适合的教学内容和方式，通过因材施教关注每个学习者的独特性和发展力。与适合教育的理念契合的就是“个性化学习”的概念。

由于个体差异的存在，个体学习表现出强大的学习自主性，涉及学习内容选择、学习方式运用和学习过程强化等方面的自主性。个性化学习就是根据学习者的个性特征和需求，为其提供最适合的学习活动及学习方式，针对学习者的个性特点和发展潜能而选用恰当的学习方式、分配合理的学习资源、提供优化的评价标准，以达到学习者个性特征与学习环境间的平衡，全面提升学习者素质的学习目标。

适合教育与个性化学习在理念上高度契合，都强调教育应关注个体差异，尊重学习者的个性发展，提供适合的教学和学习方式。适合教育通过识别学习者的个体差异和需求，为个性化学习提供有针对性的支持与服务。在个性化的学习实践中，教育者会不断反思和调整教学策略，以更好地满足学习者的个性化需求，也进一步增强了适合教育的深入发展。

第二章

市民终身学习的时代需求

2020年9月22日，习近平总书记在教育文化卫生体育领域专家代表座谈会上的讲话指出“要完善全民终身学习推进机制，构建方式更加灵活、资源更加丰富、学习更加便捷的终身学习体系”。2023年5月29日，习近平总书记在中共中央政治局第五次集体学习时的讲话又一次提到“要建设全民终身学习的学习型社会、学习型大国，促进人人皆学、处处能学、时时可学，不断提高国民受教育程度，全面提升人力资源开发水平，促进人的全面发展”。深入践行“人民城市人民建，人民城市为人民”重要理念，坚持以学习者为中心，以“为每一个学习者提供适合的终身教育”为前提与基础，努力构建服务市民终身学习的支持服务体系，提高终身学习质量，可以让每一个学习者都能有学以成人、人生出彩的机会。

一、学习型社会建设赋予市民终身学习的价值期盼

进入知识经济时代的21世纪，学习已成为社会发展的核心动力。学习型社会的构建不仅是国家战略的重要组成部分，也是实现可持续发展的关键。终身学习作为学习型社会的基石，

对于提升市民的综合素质、促进社会和谐与进步具有深远的意义。市民对终身学习的价值期盼反映了他们对个人成长和社会发展的期待，人们通过不断学习实现个体进步，促进社会文化素养的整体提升，也会有效促进教育政策完善和教育改革创新。因此，有必要深入探究学习型社会建设中市民终身学习的价值期盼。

（一）学习型社会与终身学习和谐共生

学习型社会与终身学习理念融通。学习型社会强调的是所有社会成员都应该视学习为一种普遍的生活方式。在这样的社会背景下，各个年龄段的人都应该积极参与学习活动，以适应快速变化的社会和经济环境。终身学习理念倡导的是个人在其一生中应不断进行有意识的接受教育和参与学习活动，满足个人兴趣、职业发展和社会参与的需求，促进个体更好地成长。两种理念紧密契合。学习型社会与终身学习之间存在着必然的内在联系。学习型社会的构建为终身学习提供了必要的社会环境和文化氛围，而终身学习的普及又是学习型社会发展的基础。在学习型社会环境中，终身学习是公民的基本权利和责任，同时也是社会创新和发展的动力源泉。学习型社会通过提供多样化的学习资源和支持服务，鼓励和支持市民参与终身学习，帮助个体实现人生成长，从而推动社会的整体发展。

从个体发展角度上说，市民对终身学习的期盼主要体现在提升个人能力和实现自我成长两个方面。通过终身学习获得新知识和新技能，可以更好地适应职场变化和提高社会适应力。同时，通过终身学习可以不断丰富生活体验，提高生活质量，实现个人潜能的最大化。此外，通过终身学习可以增强自我调节能力,提高心理健康水平。从社会进步角度上说,市民对终身学习的期盼可以体现在促进社会公平和推动社会发展两个方面。终身学习能够为市民提供更多的社会流动机会,减少教育和社会不平等现象。同时,终身学习能够促进技术创新和产业升级,从而推动经济持续增长和社会全面发展。此外,终身学习能够增强社会凝聚力和文化多样性,促进社会和谐稳定。从政策支持角度上说,市民对终身学习的期盼主要集中于教育资源配置合理和教育政策环境优化。市民希望政府能够提供更多的学习机会和资源,特别是对于弱势群体的支持,以确保每个人都有机会参与到终身学习中。同时,他们也期待政府能够制定更加灵活和包容的政策,以及建立更完善的终身学习激励和认证机制,鼓励各类社会组织和个人融入教育和培训,构建一个更开放和更有利于终身学习的社会环境。

(二) 终身学习实践渴求社会支持

受终身学习理念深化的积极影响,市民终身学习呈现出多样化特点。市民获取知识和技能的途径更加广泛,学习方式更加灵活。尽管在线教育平台和远程教育的兴起,使得终身学习不再受时间和空间的限制,一定程度上满足了不同人群的学习需求,然而,终身学习的参与度仍然受到教育水平、经济条件、技术接入能力等因素的影响,依然存在分层现象,使得终身学习理念的践行仍面临诸多挑战。从管理层面上看,制约因素可能包括以下几方面:首先,教育资源分配不均,特别是在偏远地区和经济欠发达地区,高质量的教育资源仍较稀缺;其次,成人学习者面临多种压力,他们往往面临工作、家庭等多重角色的压力,难以把足够的时间和精力投入到学习中;再次,缺乏有效的激励机制和认证体系，使得市民参与终身学习的积极性无法得到激励与强化；最后，随着知识更新速度的加快，学习资源能否及时更新以强化学习内容的针对性与时效性也是一个重要的影响因素。从支持层面上看，制约因素可能包括：首先，个人的学习动机、自我效能感、先前的教育经历和社会经济地位等因素都会影响其终身学习的参与度；其次，各类社会政策支持、文化价值认同、社区环境支持和社会网络赋能等方面都对市民终身学习行为产生影响；最后，信息技术的普及程度、数字素养的提升程度以及在线学习平台的用户体验感等方面都会影响终身学习的实际能效。以上这些因素的相互交织与完善调整是市民终身学习的即时现状和发展趋势。

（三）学习型社会是终身学习的融合支持体系

为了促进市民终身学习，学习型社会建设要求强化教育体系融合，确保高质量的教育资源公平分配。这包括扩大优质教育资源的覆盖面，特别是在农村和边远地区，以及为成人学习者提供更多的学习机会。学习型社会建设还要求推动教育内容和方法更新，以更好地满足市民多样化的学习需求。同时，通过构建和完善市民终身教育体系，可以为包括在职人员在内的各类人员提供灵活多样的学习路径和学习方式，以确保更广泛的民众能够在工作和生活之余进行学习，为社会发展提供源源不断的人力支持。

学习型社会建设要求更好地激发市民学习动机和提升学习力，这是终身学习实践取得成效的关键。政府和教育机构通过加大对终身学习与学习型社会建设的宣传和推广力度，可以更好地提高市民对终身学习重要性的认识。同时，通过提供多样化的学习方式与学习工具,可以帮助市民提高技术运用和自主学习能力。此外,通过建立包括学分积累和认证制度等在内的有效激励机制,可以增强市民参与终身学习的吸引力。

学习型社会要求构建多元化的学习平台和技术支持,包括发展在线教育平台,提供远程教育和开放式课程,以及利用社交媒体和移动应用程序等方式,以满足不同市民的终身学习需求。公共图书馆、社区中心和各类教育机构通过提供丰富的学习内容和活动空间,向市民提供终身学习的场馆支持。同时,学习型社会还鼓励各类社会组织参与终身教育资源的开发和供给,为市民终身学习提供资源保障。

学习型社会通过提供专项的政策支持,为终身学习实践开展提供重要保障。通过制定相应的学习支持和保障政策,为终身学习提供资金支持、税收优惠和法律保障。同时,通过建立奖学金、补贴和荣誉称号等制度,强化对市民参与终身学习的激励机制。此外,通过鼓励各类企事业单位和社会组织为社会个体提供学习发展的机会,将终身学习融入组织文化建设之中。通过各类政策支持和举措,学习型社会为市民终身学习营造了有利的环境。通过激发全体市民的学习热情和创造力,指引着市民在终身学习道路上不断前行。

学习型社会赋能市民终身学习,是个体发展需求、社会进步愿景和社会支持保障对市民的终身学习期望和社会诉求。通过终身学习提升个人能力、实现自我成长,对社会发展和经济进步做出贡献,是每位市民的责任,更是学习型社会发展的目标。市民的终身发展也期待着更加优化的政策支持环境、更加公平的教育资源分配、更加全面的支持服务体系,这是学习型社会与终身学习二者紧密融合的实践验证。

二、人民城市理念强化市民终身学习的发展方向

2019年11月2日，习近平总书记在上海杨浦滨江考察时首次提出“人民城市人民建，人民城市为人民”理念，为现代城市发展提供了价值遵循与行动指南。作为人民的城市，坚守“以人民为中心”的发展思想与城市建设具体工作相结合的“人民城市”理念，为城市发展确定了宗旨。城市建设需要牢牢植根人民、紧紧依靠人民、不断造福人民。坚持把人民对美好生活的向往作为奋斗目标，兜住民生底线、保障民生基础、提高民生质量，让城市居民安全感更强、获得感更足、幸福感更深。学习型城市可以助力终身学习、实现“在校、在家、在网”的终身学习支持服务体系构建，形成独特、稳定、可持续的区域终身教育特色。基于此，从青少年儿童到老人，从家庭到社会组织，越来越多的市民可以在终身学习支持服务体系的普惠下受益，并成为“人民城市”建设的持续动力。

（一）人民城市理念与终身学习理念紧密融合

人民城市理念强调以人民为中心的城市发展观，主张城市建设和管理应当以满足人民的需求和提升人民生活质量为核心目标。这一理论不仅关注物质层面的改善，而且注重精神文化层面的提升，更突出强调人的全面发展。在快速变化的社会和经济环境中践行终身学习理念可以成为个人适应社会发展、提升自我能力的重要途径。终身学习不仅有助于个人职业发展，还能促进社会整体进步和创新。

人民城市理念与终身学习理念紧密相连。一方面，人民城

市理念的实施需要市民具备持续学习和自我提升的能力，以适应城市发展的新要求；另一方面，终身学习的推广和深化也需要城市建设提供学习资源、学习平台等相应的支持和保障，二者相互促进、相互融合。

（二）终身学习实践促进人民城市发展

终身学习对每位市民的个人发展具有重要的影响意义。第一，参与终身学习可以提升个人的素质与能力。通过参与终身学习，市民可以不断更新自己的知识和技能，提高自身的综合素质和竞争力，这不仅有助于个人终身发展，还能增强个人的自信心和满足感。第二，参与终身学习可以促进个人全面发展。参与终身学习不仅可以提升个体技能，还可以培养包括人文、科学与艺术素养在内的综合素养，有助于市民更加全面、均衡发展，实现个人价值的最大化。第三，参与终身学习可以增强社会责任感与公民意识。“学以养德、学以增智、学以致用”，终身学习可以让市民更好地了解社会生活、参与社会事务，增强社会责任感和公民意识，为构建和谐社会、推动社会进步提供关键动力。

终身学习对推动城市发展具有重要的影响力。第一，有效提升城市竞争力。一个拥有高素质市民群体的城市，其竞争力必然更强。终身学习的推广和深化，有助于提升市民的整体素质和创新能力，从而增强城市的核心竞争力。第二，促进城市可持续发展。终身学习有助于培养市民的环保意识、节能意识等可持续发展观念，推动城市向更加绿色、低碳方向发展。第三，增强城市凝聚力与向心力。通过参与终身学习，市民可以实现共同学习、共同进步，形成更加紧密的联系和互动，增强城市的凝聚力和向心力，从而在维护社会稳定、促进城市和谐发展中发挥更大的积极作用。

（三）人民城市理念可以推动终身学习体系构建

当前，市民在参与终身学习过程中依然面临一些具体的困境与挑战，学习资源分布不均、内在学习动力不足、学习效果难以评估等方面都是重要的阻碍因素。为此，以人民为中心的人民城市建设不仅可以强化推进各类学习资源的整合与共享，确保每个市民都能获得平等的学习机会；而且会激发市民的学习动力，通过设立奖励机制、开展竞技学习等方式提高市民的学习积极性；还会进一步完善市民终身学习效果评估体系，确保终身学习活动的针对性与有效性。

人民城市重要理念可以通过多种途径实现对终身学习的积极支持。首先，强化各类政策的引导。人民城市理念可以呼吁政府积极出台包括财政补贴、税收优惠等在内的相关政策，降低学习成本，提高市民终身学习积极性。通过鼓励和支持终身学习，为市民提供学习的机会和条件。其次，增强教育资源的整合。人民城市理念可以整合包括学校教育、职业教育、成人教育等在内的各类教育资源，形成覆盖全生命周期的学习体系。最后，促进学习型组织的建设。人民城市理念可以鼓励各类企事业单位和社会组织建立学习型组织，通过内部培训、知识分享等方式提升员工的专业素养和创新能力，也使得这些组织成为推动终身学习的重要力量。

学习型城市建设是把我国打造成人力资源强国的重要组成部分，是建设教育强国、科技强国、人才强国的重要支撑。学习型城市建设是终身学习支持服务体系建设的培育土壤，引导终身学习成为每一位市民的成长自觉。以上海市为例，身处国际化大都市，上海市民普遍有着较强烈的学习意识，从年轻的外来务工人员到已退休的老同志，很多人都愿意接受终身教育。上海市学习型社会建设为终身教育发展培育了有效的机制、宝贵的经验和独特的模式，其发展目标就是要进一步完善服务全民的终身学习体系，率先建成以城市学习力为驱动的更高水平、更高质量的学习型社会，形成普惠多元、泛在可选的终身学习环境。学习型社会的建设可以打破资源壁垒、深化资源共享、项目和师资共享、增强终身教育发展的社会合力，实现终身教育的共建共治共享，让终身学习成为每一位市民的生活首选。在打造终身教育体系、建设学习型城市方面，上海城市精细化治理为市民提供更高品质、多元化终身学习服务，使得终身学习的理念深深扎根。

人民城市理念强化了市民终身学习的发展方向，对于提升市民个人素质、促进城市发展具有重要意义。同时，在推进和深化市民终身学习的过程中，人民城市理念还需采取有效策略积极应对诸多挑战，为城市的经济发展注入更新活力。

三、适合教育理念拓宽市民终身学习的实践思路

《国家中长期教育改革和发展规划纲要(2010—2020 年)》首次正式提出的“适合的教育”概念强调所有的教育首先应该适合学习者的需要。只有适合学习者的教育，才能真正体现教育的本质和规律，更好地培养国家和社会发展所需的人才。中共中央、国务院在一系列教育改革文件中多次指明，要“关注学生不同特点和个性差异，发展每一个学生的优势潜能”，树立“人人皆可成才”的科学教育理念，“加快发展面向每个人、适合每个人、

更加开放灵活的教育体系”。不少中小学已着手对“适合学生的教育”开展实践探索，然而在终身学习领域关于这个主题的实践与研究相对较少。新时代“适合教育”更加强调面向所有人敞开，其对象不仅囊括了大中小学在校学生，更是包含了在职人员、社区居民、婴幼儿和老年人。学习者主体可以拓展到区域社会的每个人、每个年龄阶段，这就是指向“终身”和“人人”的适合教育。新时代，适合教育更加彰显社会“三全育人”的有机协同，在实现“面向人人、适合人人、培育人人”的发展愿景时，更加突显整合全社会资源、聚合全社会力量，在政府、学校、家庭和社会之间缔造协同育人的平台与网络，构建“适合教育”生态环境。

（一）多元化与个性化的教育理念可以顺应社会发展需要

不断丰富教育理念、不断拓展教育实践对于推进市民终身学习具有深远的影响。需要从社会发展与科技进步等多个角度深入分析市民终身学习这一社会诉求，为市民提供更丰富、更有效的学习资源和支持服务。一方面，长期以来人们所接触的教育理念多以注重知识的传授和技能的培养为主，这种教育理念也在人们的社会生活中得以固化。而随着社会的发展，包括情感、态度、价值观等在内的学习者全面发展目标已成为现代教育追求，使得市民在学习过程中能够接触到更广泛的知识领域，他们的视野和思维方式也能得以拓宽。另一方面，社会的发展也为社会成员的个性化成长创设了环境，每个市民都希望培育自己独特的学习需求和兴趣点，以及个性化学习追求，因此，教育需要为学习者提供定制化的学习策略，为他们提供合适的学习资源和课程，实现他们的自我提升和个性发展。

(二) 社区化与数字化的教育实践可以满足终身学习需求

追求终身学习、丰富个性修养已成为市民终身发展的重要特征。由社区化与数字化的教育形式衍生而来的社区教育与数字化教育有效破解了市民终身学习的物理空间障碍,成为解决市民终身学习距离困境的两种途径。

一方面,随着社区教育在我国各地不断深化与发展,社区教育不仅化解了市民终身学习的场域限制,而且作为适合市民终身学习的重要途径,为市民提供了便捷的学习机会和场所,成为市民终身学习体系中的重要组成部分。通过开展各类社区教育活动和课程,不仅可以满足市民多样化的学习需求,还能促进他们的个人成长和终身发展。社会发展对市民终身学习提出了越来越高的要求,也不断加速了社区教育的深化发展,以适应市民更高层次的终身学习需求。这种适合教育理念会强化社区教育资源库的建设和管理,确保各类社区教育资源充足和便民;还会推动社区教育与各类学校教育、职业教育等教育形态的有机衔接和深度融合,形成完整的终身教育链。同时,还会不断加强社区教育的区域传播与实践推广,以提高市民对社区教育的认知度和参与度。

另一方面,面对市民终身学习远程化与智能化需求的不断增强,教育技术的创新发展与实践应用同步得到关注。尽管先前教育实践已经对各类教育技术有所接触和使用,但是,新时代的科技进步正不断驱动教育技术的创新发展,并成为社会的强烈期盼。在线教育、移动学习、虚拟现实等新型教育技术为市民终身学习提供了更加便捷、更加高效的学习方式。基于此,适合教育理念会加大对各类教育技术的最新发展趋势保持高度关注，通过及时引入新技术和新方法，进行资源的整合与共享，不断为市民提供更好的技术支持和学习体验。

对不断发展的教育技术创新的广泛应用已经在市民终身学习实践中发挥了积极作用，还可以在教学实践中得以拓展。新技术与传统教学方法相结合所创造出来的更加生动、更加有趣的教学场景，是适合教育理念的具象化设计，可以激发市民终身学习兴趣和积极性。辅以对终身教育教师的技能培训和技术支持，可以更好地发挥适合教育理念在市民终身学习与掌握新技术的追求中突显实效。

（三）政策支持与体系构建可以助力适合教育效能发挥

市民终身学习需求的满足不仅需要适合教育理念的指引、社区化与数字化教育实践的助推，还需要坚定的教育政策支持与终身教育体系保障。政策支持可以为市民终身学习体系建设提供重要的方向导引，市民终身学习支持服务体系建设可以为市民终身学习政策落实提供坚实的服务保障。

市民终身学习的政策支持是确保终身学习体系建设的前提基础。通过出台终身学习相关政策、提供专项资金支持等方式，可以有效推动终身学习体系的建设和完善，还可以加强对市民终身学习体系的监管和评估，确保其健康有序发展。为进一步发挥市民终身学习政策保障作用，可以采取多种措施予以落实：首先，制定科学的终身学习相关法律法规和政策文件，明确各方责任和义务；其次，设立专项基金或补贴项目，支持市民终身学习体系的建设和运营；最后，建立终身学习体系的监管和评估机制，及时发现问题并采取措施予以解决。

终身学习体系的构建与完善是确保终身学习政策落实的关

键举措。完善的终身学习体系应涵盖各个年龄段、各个领域,为市民提供持续、全面的终身学习支持服务,需要从政策、制度与资源等多个方面入手,为市民创造良好的学习环境和条件。政府可以出台相关政策,鼓励企事业单位和各类社会组织参与终身学习体系的建设;学校和其他相关教育机构可以加强与企事业单位的合作,共同开发符合市场需求的课程资源和培训项目。同时,还需要进一步推进终身学习资源的整合。在终身学习体系的构建过程中,通过建立统一的学习平台和数据库可以将各类学习资源进行有机整合和合理分类,既方便市民使用,也能最大化地发挥推进终身学习的保障作用。同时,还需要推动不同机构之间的资源共享和合作,避免终身学习资源的重复建设和资源浪费。

各种社会力量与社会资源的广泛参与是终身学习体系建设的重要力量。所有企事业单位、社会组织和个人都可以积极参与到终身学习体系的建设中,既能有效促进机构间的交流与合作,形成合力推动终身学习体系发展,还能组建更加丰富多元的终身教育资源,为市民提供更多样的学习机会和平台。推进各类社会组织合作的方式有很多种:首先,建立跨部门、跨领域的合作机制,共同推进终身学习体系的建设;其次,鼓励企事业单位和社会组织开展各类终身教育活动和项目,为市民提供丰富的学习方式选择;最后,加强国际交流与合作,借鉴国际先进经验和做法,推动我国终身学习体系的创新发展。

以适合教育理念为引领,各种组织多方协力合作所形成的终身学习体系不仅可以促进终身教育资源整合与有机协作,而且可以拓宽市民终身学习的实践路径。适合教育理念需要不断更新教育指导思想、完善终身学习体系、创新教育技术、深化社区教育、推广学习文化、提供政策支持以及加强社会合作等方面的实践深化，以助力实现更好地满足市民终身学习和个性发展需求，推动社会全面进步与和谐发展。

拓展适合教育理念的覆盖面有助于丰富和深化“面向所有人的终身教育”的理论基础，突显终身教育向所有人“平等开放”的内在诉求，并进一步促进终身学习和终身教育理论的内涵式发展。市民终身学习支持服务体系不仅为不同生存境遇和生活状态的人们提供服务内容和服务形式，还为处于生命不同发展阶段的人们提供教育机会和服务保障。对人的全面发展的深切关照既充分关注了不同年龄、性别、民族、地域、阶层、社会背景的终身学习者，也有效培育了惠泽与普惠的教育机会与资源供给。

进入新时代，人们对美好生活的向往需求日益强烈，党的十九大就已提出要坚持以人民为中心，加强社会治理创新，积极打造“共建、共治、共享”的新时代社会治理格局，努力实现社会治理能力和社会治理体系现代化。构建服务全民终身学习体系，是社会治理能力和社会治理体系现代化目标的重要组成部分。区域社会经济的发展将有助于推进终身教育改革深化，科学搭建符合区域市民终身学习特点的支持服务体系，丰富多样化的终身学习资源供给。提升“包容、普惠、适合”的终身教育服务水平，可以使每一位学习者享有更公平、更优质的终身教育和终身学习机会，为促进人生出彩和终身发展营造良好的社会氛围和学习环境，助力学习型社会高质量发展。

第三章

市民终身学习支持服务体系的基本内涵

构建科学的服务机制可以为市民终身学习提供坚实的基石，创建优质的服务资源可以为市民终身学习构筑丰富的内涵，创设合理的服务方式可以为市民终身学习注入无限的动力，培育强大的支持队伍可以为市民终身学习确立前行的灯塔。它们共同织就了一张强大的支持服务网络，不仅能托举起市民在知识海洋中遨游的梦想，更能激发每个人内心深处对学习的渴望，让终身学习之路更加宽广和精彩。

一、终身学习支持服务体系的概念演化

从国际视野的广阔舞台，到政策法规的坚实保障，再到实践探索的生动舞台，终身学习支持服务体系的概念经历了从理念到行动、从抽象到具体的深刻演化。我们见证了终身学习如何从全球的共识，逐步转化为国家战略的重要组成部分，最终深入到每一个学习者的日常之中，成为推动个人成长和社会创新的不竭动力。

（一）终身教育理念的国际化

现代终身教育思想最早产生于欧洲。1919年，英国成年人教育委员会在“最终报告书”中提及“终身教育”这一概念，确认成人教育具有终身性的特点，初步显现出终身教育的思想。1929年，英国成人教育家巴西尔·耶克斯利在《终身教育》一书中首次对终身教育进行论述，并正式提出了“终身教育”的概念，将其释义为“人的生命终止才能完成的教育”。二战后，终身教育理念在西欧国家流行，相关成人教育类的文献中频繁出现相关论述。1965年，在联合国教科文组织第三届成人教育促进国际会议上，法国终身教育思想家和全世界终身教育的开创者保罗·郎格朗进一步阐述了终身教育的主张。他提出，数百年来我们将人的一生分为两半，前半生接受教育，后半生从事劳动，这是毫无科学根据的，教育应该是一个人“从摇篮到坟墓”的持续过程。其先后出版的《终身教育引论》《成人教育与终身教育》《终身教育问题》等著作系统阐释了发展终身教育的意义。至此，现代终身教育理论在西方国家已经历了近60年的发展历程。

在联合国教科文组织的积极倡导与大力推动下，世界各国很快掀起了终身教育研究与实践的热潮。法国时任总理兼教育部长埃德加·富尔的《学会生存：教育世界的今天和明天》生动展示了终身教育的美好前景与无限可能，激发人们对未来教育的深刻思考与向往；德国学者戴夫的《终身教育的基础》对终身教育的理论体系进行了系统的梳理与完善，为其实践应用提供了坚实的理论支撑；英国学者克罗普雷则向各国发出了《迈向终身教育体系》的呼吁，向世界各国发出了积极投身终身教育建设的号召，进一步推动了这一理念的国际传播与接受。1996 年，联合国教科文组织发表了具有里程碑意义的报告《教育：财富蕴藏其中》，该报告明确提出世界各国应共同努力构建和完善终身教育体系的建议。

在我国，改革开放政策实施后，对外交流日益增多，终身教育的思想逐渐引起了学界的广泛关注，学者们翻译了一些与终身教育相关的论著，使中国社会对终身教育理念有了初步的认识，为我国形成终身教育相关的政策奠定了基础。

（二）终身教育理念的政策化

终身教育作为一种现代教育思潮，在众多国家被视为推动本国教育改革的重大战略得以积极推进，我国在聚焦教育强国战略的指引下，也在积极落实终身教育理念，不断推进教育政策改革创新。我国先后出台了多部国家政策文本，如《面向 21 世纪教育振兴行动计划》《国家中长期教育改革和发展规划纲要(2010—2020 年)》《中国教育现代化 2035》等，都相继提及了推进全民终身学习、构建终身教育体系及建设学习型社会等内容。为了满足每个人终身学习的需求，发展终身教育事业，推进学习型社会建设，促进人的全面发展，全国多个地区先后出台了推进学习型社会建设的相关配套政策和措施。

自 2005 年起，上海市先后出台了《关于推进学习型社会建设的指导意见》《上海市中长期教育改革和发展规划纲要》《上海市终身教育促进条例》等政策文件，为上海市学习型城市建设提供了制度保障；2007 年北京市颁布了《中共北京市委北京人民政府关于大力推进首都学习型城市建设的决定》，为北京学习型城市未来发展做了系统的设计；2010 年深圳市成立了“学习型城市建设服务指导中心”，深入贯彻落实学习型城市建设理念。此后，全国多地先后出台了相关制度文件，积极宣传和推进终身教育理念。

（三）终身教育理念的实践化

伴随终身教育理念在我国的快速传播，教育实践领域也做出了积极回应。1988年起，包括中国老年大学协会在内的各类相关机构或组织先后创办，这得益于终身教育理念的宣传推广，也是各级政府开始关注并参与终身教育相关事务的重要体现。1993年，中共中央、国务院印发的《中国教育改革和发展纲要》指出："成人教育是传统学校教育向终生教育发展的一种新型教育制度，对不断提高全民族素质，促进经济和社会发展具有重要作用。"终身教育写入国家的教育政策，标志着终身教育理念已经得到了政府层面的高度重视，正由一种思想转变为一项国家政策。1995年，全国人民代表大会通过并实施的《中华人民共和国教育法》第十一条规定："国家适应社会主义市场经济发展和社会进步的需要，推进教育改革，推动各级各类教育协调发展，建立和完善终身教育体系。"这是我国政策文本中最早对于"终身教育体系"的明确表述。

二、市民终身学习支持服务体系的基本要义

市民终身学习不仅是个人成长的追求，更是服务体系的核心目标。市民终身学习支持服务体系旨在帮助市民实现内心对知识的渴望，让每一位市民都能成为自己学习旅程的掌舵人，不断自我提升，实现个人价值的最大化。不断优化和完善服务体

系，通过多样化的学习资源、个性化的学习路径、贴心的学习辅导等，为市民提供全方位、多层次的学习支持，让终身学习成为市民生活中不可或缺的一部分，助力每一位市民绽放属于自己的光彩。

(一) 让市民成为终身学习的自我推动者

构建市民终身学习服务体系强调基础教育、高等教育、职业教育、成人教育等各级各类教育的协调发展，这意味着其需要面向所有社会成员，强调教育的包容性、全纳性和公平性。那些当年尚未完成中学或普通高等学历教育就已步入职场的人群，往往被排除在传统学校教育体系之外，难以获得公平的学习机会。全球化和信息化的时代使国际间的合作与竞争更为激烈，也使每个人面临更多的机遇和挑战，每个人需要拥有更多的知识积累和精神成长以应对时代发展的要求，这使得教育和学习要经受更加严峻的考验。构建市民终身学习服务体系就是要满足人人终身学习的需求，促进人的终身全面发展及社会的可持续发展。

在市场经济条件下，人们作为独立的市场主体，可以根据自己的需要自由地选择和购买商品和服务。在教育领域，人们同样可以根据自身的需要和条件选择或购买符合自身发展和社会需要的教育产品和服务。构建市民终身学习支持服务体系致力于满足每个人多样化的学习需求，也在强调要将学习的选择权赋予每个人，这是拥有自主选择权的体现。简言之，在构建市民终身学习支持服务体系中，市民既是服务的对象，也是推动终身学习的主体，而政府的职能更多的是出台相关政策、搭建相应平台、提升民众参与度与提高学习积极性，从而推进教育治理体系和治理能力现代化。

（二）让终身学习成为支持体系的服务对象

从国际视野看，终身学习越来越受到社会各界的关注。从教育本身出发，终身教育向终身学习的转变是一种出发点的转变，即终身教育力求完善现有的教育体系；终身学习从学习者个体出发，期待突显学习者的主体地位。这种转变源于教育和社会的变革，社会各界对“教育”与“学习”的概念及其相互关系有了更深刻的认识。“学习”的概念相较于“教育”更具主体性，更加突显学习者的主观能动性。终身教育是从社会角度出发的战略选择，是一种自上而下的过程；终身学习是从个人角度出发的战略选择，是一种自下而上的过程。终身学习理念的关键要点包括：第一，学习是每一个人的基本权利，人人都有机会参与学习；第二，学习是贯穿人一生的行为，人的一生都需要参与学习，不断挖掘自身潜能；第三，学习内容的选定需要依据学习者的需求，涵盖其生活的各类场景。倡导通过终身学习来构建这样终身教育体系的主要目的在于唤醒个体的学习意识，关注个体自身内在变化，使学习成为全民自觉行为，形成具有高度学习能力的社会。

（三）让支持服务成为终身学习的构建载体

强化市民终身学习的支持服务，最终的落脚点在于构建一种宏观目标体系，即，由相互联系、相互依存的各服务要素所组建的一个有机整体。与传统的教育体系相比，构建市民终身学习支持服务体系更为复杂和庞大，教育的所有要素需被包括其中。基于不同的维度或视角，终身教育支持服务体系的要素可以有不同的划分。例如，基于教育层次的维度，该体系包括了初等教育、中等教育和高等教育等；基于教育类型的维度，该体系包括了普通教育、职业教育、成人教育（继续教育）等；基于教育性质的划分，该体系包括了正规教育、非正规教育和非正式教育；基于实践场所的维度，该体系包括了学校教育、企业教育、社区教育和家庭教育等；基于教育组织形式的维度，该体系包括了面授教育、远程教育（含网络教育）等。这是一种全新的教育体系，这种教育体系的构建并非是对现存教育体系的内部改造和完善，而是一种“新生”。在各级各类教育不断协调发展的基础上，该体系更加强调各要素间的有效沟通与衔接，推动终身学习“立交桥”的搭建，实现社会和个人的整体协同发展。

从纵向来看，终身教育融学前教育、学校教育与成人教育于一体；从横向来看，终身教育融家庭教育、社会教育和学校教育于一体。人的一生接受的教育形式纵向衔接，不同教育类型横向联通，便形成了终身教育体系。终身教育体系包括成人教育、继续教育、社区教育在内的多种教育类型。2015 年，联合国教科文组织发布“教育 2030 行动框架”，提出“全民全纳教育应该得到基本的保障，应该通过实施具有变革性的公共政策，应对学习者的多样性需求……为了实现‘教育 2030’的目标，需要调动全球各个国家、区域的积极性，形成有效、全纳的合作关系；改善各国教育政策和合作方式；确保全民接受公平、全纳和高质量的教育；调动各方资源，保证教育资金的充足；确保监测、落实并审查所有教育目标的指标”。党的十九届四中全会提出的“构建服务全民终身学习的教育体系”，以“教育体系”概括“终身教育体系”，体现了“大教育观”，强调“发挥网络教育和人工智能优势，创新教育和学习方式，加快发展面向每个人、适合每个人、更加开放灵活的教育体系，建设学习型社会”，体现了我国“以人民为中心”的发展理念，突出了各级各类教育的整体价值，实现了世界终身教育研究与实践的历史性升华。

三、市民终身学习支持服务体系的基本要素

根据市民终身学习所涉及的学习资源、学习方式、学习工具、学习支持等要素，以及社会教育资源供给的推进实践可以发现，市民终身学习支持服务体系至少包括服务机制、服务资源、服务方式、支持队伍等要素。

（一）服务机制托起了市民终身学习的保障

构建科学的终身学习服务机制在市民终身学习实践中承担着重要角色，可以托起市民终身学习的制度保障。

第一，科学的服务机制有助于个性化学习的路径设计。

为每位市民提供可选择的个性化学习路径设计是终身学习服务机制的首要功能。学习者可以根据个人的学习背景、兴趣特点、能力水平与发展需求选择专属的学习计划，通过智能辅助系统、个体成长规划以及学习进度评估等活动，确保学习内容既能符合个人发展目标，又能激发学习者的内在动力。通过有效提升个体的学习效率，让终身学习变得更加高效且有针对性。

第二，科学的服务机制有助于多元化资源的整合共享。

科学的终身学习服务机制不仅通过促进包括线上平台资源、实体课程资源、专业领域讲座、社区学习资源等多元化资源整合，为终身学习提供丰富多样的资源支撑；还可以通过汇聚云计算、大数据等现代信息技术手段实现资源的跨时空共享，让每

一位市民都能轻松获取所需的资源和信息。此外，通过鼓励社会各界参与资源共建，形成政府、社会组织、教育机构及个人共同参与的资源生态体系，可以实现终身学习资源的进一步丰富和完善。

第三，科学的服务机制有助于持续性激励的效果呈现。

终身学习是一个长期的过程，需要持续的动力和支持。科学的终身学习服务机制可以提供学习积分制度、学习成果认证、奖学金或补贴政策等有效的激励措施，用以激发市民的学习热情和坚持度；还可以建立包括在线答疑、学习社群、心理辅导等完善的学习支持服务体系，帮助学习者解决学习过程中遇到的困难和挑战，增强他们的归属感和成就感，营造积极向上的学习氛围，使终身学习成为一种社会风尚和个人习惯。

科学的终身学习服务机制可以通过促进个性化学习的路径设计、多元化资源的整合共享以及持续的支持激励，为市民提供全领域、多层次的终身学习支持服务，促进社会知识的更新与个体素养的提升。

（二）服务资源建构了市民终身学习的内容

创建丰富的终身学习服务资源在市民终身学习实践中承担着关键作用，建构了市民终身学习的丰富内涵。

第一，社区教育资源凝聚了终身学习内容。

社区作为市民生活的基本单元，蕴含着丰富的教育资源，包括社区学校、老年大学、青少年宫、文化活动中心、社区图书馆等实体场所，以及社区内的专家、学者、志愿者等人力资源。这些资源能够为市民提供面对面的学习机会和交流平台，增进邻里间的互动与合作。通过组织讲座、展览、工作坊等各类社区教育活动，可以激发市民的学习兴趣，提高他们的文化素养和生活质量。同时可以促进社区凝聚力的提升，营造和谐的社会氛围。

第二，社会组织资源拓展了终身学习内容。

各类企事业单位和行业机构等社会组织是市民职业发展的重要舞台，也是终身学习的资源来源。社会组织通过提供职业培训、技能认证、实习实训、产学研合作等项目资源能够帮助市民了解行业动态，掌握专业技能，提升社会竞争力。通过不同组织间的合作，终身教育机构可以引入实际案例和项目经验，使学习内容更加贴近社会需求。

第三，数字化学习资源创新了终身学习内容。

在当今的信息化社会中，各类在线课程、电子书籍、学术数据库、多媒体教学软件等数字化学习资源已成为终身学习不可或缺的一部分。这些数字化学习资源具有获取便捷、更新迅速、互动性强等特点。通过利用互联网、移动终端等设施设备，市民可以自主选择学习内容，灵活安排学习时间，实现个性化学习。同时，数字化学习资源还能够促进知识的共享与传播，推动学习型社会建设。

创建社区教育资源、社会组织资源和数字化学习资源等丰富的终身学习服务资源是建构市民终身学习内容的重要支撑。通过对资源的整合优化，可以为市民提供多角度、多层次的终身学习支持服务，推动终身学习理念的普及与实践。

（三）服务方式助推了市民终身学习的动力

创设多样的终身学习服务方式在市民终身学习实践中发挥着积极作用，助推了市民终身学习的实践动力。

第一，个性化指导服务增强了市民终身学习动力。

市民多样化学习需求的满足离不开个性化学习指导服务。每位学习者都会有其独特的学习兴趣、理解能力与追求目标,通过独立的辅导咨询,智能的学习路径推荐等个性化指导服务,为其量身定制学习方案,能够激发学习者的内在动力,进而提高学习效率,使终身学习成效落到实处。

第二,社群互动协作学习增添了市民终身学习兴趣。

社群互动协作学习是增强学习体验和学习效果的重要途径。通过建立学习社群、学习论坛或学习团队,共同探讨学习问题、分享学习心得,可以激发学习者的深度交流与密切合作。这种服务方式能够营造积极向上的学习氛围,促进知识的共享与传播。社群互动还能够提供情感支持和归属感,帮助学习者克服学习过程中的孤独感和挫败感,以保持学习力持续久远。

第三,实践项目驱动提升了市民终身学习能力。

通过引导学习者参与真实项目或模拟实践活动,将学习与实际问题相结合,可以不断提升学习者的知识理解能力和实践应用能力。这种实践项目驱动的终身学习服务方式强调了学习的实用性和可操作性,使得市民能够更好地运用专业技能解决具体问题,在学习过程中深切感受到学习的成就和知识的价值。

创设个性化指导服务、社群互动协作学习以及实践项目引导等多样化的终身学习服务是助推市民终身学习的重要动力。这些服务方式相互补充、相互促进,共同为市民提供丰富多样的学习体验和支持,推动终身学习实践深化。

(四) 支持队伍强化了市民终身学习的引导

培育强大的终身学习支持队伍在市民终身学习实践中发挥着助力作用,强化了市民终身学习的引领功能。

第一，专业教师团队可以为市民终身学习提供专业导航。

专业教师团队不仅具备扎实的学科知识和丰富的教学经验，还熟悉成人学习的特点和需求。通过精心设计的课程教学、灵活多样的教学方法以及个性化的学习指导，专业教师团队可以帮助市民掌握新知识、提升新技能。课后还能够根据市民的学习进度和状态反馈，及时调整教学策略，确保学习效果，为终身学习实践发展明确方向标。

第二，志愿者队伍可以为市民终身学习提供精神激励。

终身学习志愿者可以来自各行各业，他们用自己的专业知识和人生经验，为市民提供实践指导、学习规划及心理支持，在终身学习中发挥着重要的辅助作用，通过分享自己的成长经历和成功案例，可以激发市民的学习热情和信心。志愿者队伍还能够为市民搭建起与社会各界联系的桥梁，促进各类资源的有机共享，这种无私奉献和热心帮助可以让终身学习之路更加温馨和顺畅。

第三，管理团队可以为市民终身学习提供技术支持。

随着科技的发展，技术支持与管理服务在终身学习实践中的重要性日益突显。管理团队负责数字化学习平台、在线课程以及移动学习应用等工具的开发和维护，为市民提供便捷、高效的学习体验。通过技术服务与管理创新，可以不断优化学习资源和服务流程，提高学习者学习过程的互动性和趣味性。同时，管理团队还能为市民提供技术培训和咨询服务，帮助他们解决在学习过程中遇到的技术难题，为终身学习注入新的活力。

培育专业教师团队、志愿者队伍以及管理团队等强大的终身学习支持队伍，可以不断强化市民终身学习，为学习者提供重要引导。不同团队之间相互协作与合作，可以为市民终身学习提供立体多元的支持服务。

四、市民终身学习支持服务体系的研究综述

支持服务体系的建设和发展涉及多方面的要素,一般包括服务的提供者、服务的内容和服务的方式等要素。目前的研究多集中于对特定区域终身教育的问题分析和对策研究,部分研究是实践经验的总结,还可以就其系统性和整体性方面进行阐述。

(一) 研究现状

陈廷柱(2021)认为,"服务全民终身学习的教育体系"的内涵阐释是以理论研究、教育实践、政策导向为基础的。依照哈钦斯等学者的观点,学习型社会是一个深入到教育价值转换的概念,是教育发展的终极性目标,这一概念的内涵应被不断深化与丰富。同时,社会文明的进步、物质条件的改善、国民教育水平的提高、民众教育需求的增加,都对终身教育体系构建、学习型社会建设提出更新要求。所以,"市民终身学习支持服务体系"的内涵也应做分层分级阐释,可以包括资源与机会供给、自主学习能力与素养提升、人力资源意愿与收益,以及价值与发展并存的生活方式等方面。

1. 内涵阐释

资源与机会供给强调应以供给侧为工作重点,由国家、地方政府主导,号召学校教育及社会教育力量,为社会民众搭建终身学习平台、丰富终身学习资源、增加终身学习机会,以使民众时时能学、处处可学。这个要求强调的是全民终身学习的基础条

件建设，重在解决人人能够开展终身学习的问题。从我国的政策文本与教育实践可以看出，强调资源、机会的供给是我国构建终身教育体系、建设学习型社会的基础。1998年《面向21世纪教育振兴行动计划》提出“实施‘现代远程教育工程’，形成开放式教育网络，构建终身学习体系”，可视为我国服务全民终身学习教育体系的资源建设的开端。《国家中长期教育改革和发展规划纲要（2010—2020年）》《中国教育现代化2035》则先后将终身学习资源建设推向了整合、扩容与提质阶段。这些研究相对丰富，提及了资源的属性、载体、传播方式、运行模式等方面进行创新的构想。数十余年来我国对终身学习教育资源的建设是卓有成效的，资源逐渐实现了从“无”到“有”、从“有”到“丰富”和“多元”的演变，国家相关政策的目标任务基本达成，学习者接受终身教育、开展终身学习的机会大大增加。

自主学习能力与素养提升强调要从学习者需求侧入手，要致力于民众学习动机、学习意识、学习能力的提升，使民众学会学习。这个要求的本质在于通过学校教育或适当的教育，提升全体民众开展终身学习的内驱力、胜任力，重在解决人人能够成为终身学习者的问题。民众习得的学习能力将大幅度提升资源与机会的利用率、终身学习的效率，以及服务全民终身学习的教育体系建设的成效。随着机器学习与人工智能技术的发展，为适应未来的生活世界与岗位工作，民众是否具有自主学习能力将显得越来越重要。联合国教科文组织在“教育2030行动框架”中将“到2030年，确保所有学习者获得必要的知识和技能以促进可持续发展，确保教育为可持续的生活方式、人权、性别平等、促进和平和非暴力文化的发展、文化多样性及可持续发展做出贡献”作为重要行动目标之一。部分国家则将学校教育及其变革、公民可持续发展能力的培育等作为重要手段。我国 2019 年印发的《中国教育现代化 2035》对此予以了关注,该文件提出"要以学习者为中心""形成全民积极向学的制度环境"。而如何激发和提升学习者的终身学习动机与能力还在积极探索中。

人力资源意愿与收益强调要将开展终身学习与实现教育的个体功能、社会功能相结合,由此激发学习者终身学习意愿和确保终身学习成为推动经济社会发展的重要力量,使终身学习体系建设沿着真实需求的轨道顺利前行。这个要求明确了建设全民终身学习服务体系的目的,即使学习者与相关企事业单位等学习资源的提供者能够从中满足自身的需求,产生"获得感"。2010 年《国家中长期教育改革和发展规划纲要(2010—2020 年)》提出了建立"学分银行"制度,2016 年《中华人民共和国国民经济和社会发展第十三个五年规划纲要》将"制定国家资历框架"作为"十三五"期间加快学习型社会建设的重要举措。学分银行制度建立于学习者通过学习获得相应学分的事实基础之上,模仿银行的工作方式,对学习者的学分进行贮存、累计、转换,旨在整合学习者正式与非正式的学习成果,最终为其获得一定的证书或资质所用。国家资历框架是国家根据一定的标准和定义,将社会个体在任何时间和地点,通过任何规范的方式获得的知识、技能按层级分类描述并依法确定的一整套标准和措施,其目的在于实现各种资历相互可比、可衔接、可携带,进而促进资历的跨领域、跨行业、跨地区和跨国界的相互认可。① 这个要求强调的是要确保学习者的终身学习意愿,但尚未关注终身学

① 王立生. 落实十九大精神 加快推动国家资历框架建设[EB/OL]. (2018-04-19)[2024-11-09]. http://www.moe.gov.cn/jyb_xwfb/moe_2082/zl_2017n/2017_zl76/201804/t20180419_333588.html.

习的发展绩效。

在社会发展到一定阶段、民众需求得到较充分满足之后，终身学习的观念、动机与目的实现了价值转换，不再是功利的、社会本位的、注重人力资源开发的，而是以永恒的、人本位的、以人性培育为目标的，学习成为人的基本生活方式。这个要求关注了学习者对自身发展与终身学习的价值认同，强调全民终身学习是永无止境的。正如哈钦斯所提出的学习型社会的四个方面的规定要求，即，人人都必须树立终身学习的教育时间观，包括所有成年男女在内的教育对象观，以培育人性为目标的教育目的观，主张教育要超越并引领社会的教育社会观，[①]价值与发展并存的生活方式的要求与哈钦斯所倡导的教育目的观、教育社会观最为接近，将培育人性视为比开发人力更重要的教育目标，强调全民获得价值认同。当一个国家发展到了高级阶段后，社会成员的生存压力越来越小，解决价值认同问题能够确保人们的生活仍然充满活力和富有成效。

2. 构建要素

为构建终身学习服务体系，终身教育实践者将大量精力放在了如何在现存教育体系框架内进行改进探索上，很多学者也提出了自己的认知。刘晖等人(2013)主张："完备的终身教育体系是指教育系统、社会机构和家庭组织在终身教育理念指导下、经有效整合而成的、为社会成员提供一生学习机会的教育制度安排。"[②]并且认为，"未来我国终身教育发展将呈现出各级各类

① 陈廷柱. 学习型社会的高等教育[M]. 南京：南京师范大学出版社，2004：13—14.

② 刘晖，汤晓蒙. 试论各级各类教育融入终身教育体系的时序[J]. 教育研究，2013(9).

教育渐次融入终身教育体系的发展模式。随着这一进程的深入,实然状态的终身教育体系将不断充实和丰富,涵盖范围将不断扩大,最终形成覆盖各级各类教育的理想体系"①。王琪(2012)认为"'终身教育体系'是指按终身教育思想对现有教育体系进行改造后形成的教育系统,其内容包括正规教育、非正规教育以及非正式教育,国民教育体系是终身教育体系的一个重要组成部分"②。桑宁霞等人(2021)认为,终身学习服务体系是"为实现人的终身学习所提供的各种服务主体的有机整合"③,终身学习专属机构与正规教育机构、半正规教育机构、非正规教育机构联合,助推终身学习的服务理念不断深化,追求终身教育的公益性与服务性。

各地开放大学、业余大学、职工大学等终身教育机构,均在终身学习背景下增加了服务市民终身学习发展的社会功能。如各地开放大学都在积极探索非学历教育模式,致力于为各类人群提供多样化教育服务,提高公民整体素质和综合能力。终身学习专属机构协调、指导、推动终身教育工作,同时承担着宣传终身学习理念的职责,引导广大市民及各单位组织树立终身学习的理念。

正规教育机构即传统学校教育机构,教育资源集中完备,社会对其进行教育服务与社会贡献寄予很高期望。由此,正规教育机构不应局限于"围墙"内的教学任务,教育功能应不断向外

① 刘晖,汤晓蒙.试论各级各类教育融入终身教育体系的时序[J].教育研究,2013(9).

② 王琪.终身教育体系构建中的衔接问题研究[D].厦门:厦门大学,2012.

③ 桑宁霞,任卓林.国际视野下终身学习服务体系构建的路径选择[J].中国成人教育,2021(3).

转化与延伸，面向整个社会，主动承担起社会责任，投身于终身学习服务实践，满足学习者不断增长的学习需求，逐步向终身学习机构转变，更好地服务于终身学习。

具有一定教育性质的半正规教育机构，如博物馆、少年宫、民间组织等，和传统意义上不具有教育性质的非正规教育机构，如企事业单位等应成为新的学习型组织形成的关键要件，对推动终身学习、建设学习型社会具有与正规教育机构同样的教育使命和责任。

在终身学习理念与共同愿景的驱动下，虽然存在资源供给、运作模式上的差异，但是各服务主体所提供的教育服务具有同等价值，每个主体都是终身学习的利益相关者与服务者，各主体间形成有机学习共同体，为构建学习型社会而共同努力。

终身学习服务体系中的各子系统要素为终身学习服务体系构建提供了框架和结构支撑，是重要的研究内容和研究对象。有研究将终身学习体系的构成要素按教育类型进行了分解，如成人教育、继续教育，正规教育、非正规教育、非正式教育，学校教育、校外教育等。彭坤明(2018)提出加快江苏终身教育发展与体系的十五个着力点，包括了资源、平台、环境、实施主体、协调机构等核心要素。[①] 目前研究大多是针对要素的个别研究，要素之间的协同研究、要素的作用机制、系统作用范围和影响等方面的研究还有很大空间。

3. 实践探索

自20世纪末以来，我国已有近百个城市先后开展了建设学

① 彭坤明.加快江苏终身教育发展与体系构建的对策研究[J].终身教育研究，2018,29(1).

习型城市的探索并取得了一定成绩。我国学者对各自工作或生活所在地开展的地方终身学习服务体系建设进行了研究。例如，上海学者贾炜等人（2022）①、江苏学者余西亚等人（2021）②、福建学者邓美珍（2022）③、常州学者赵小花等人（2021）④、张家港学者黄晨（2013）⑤、崔珍珍（2017）⑥、大连学者邓志建（2021）⑦都先后形成了相关研究成果。研究成果主要聚焦于终身学习服务体系的构建、开放大学的转型发展等，以及探索为学习者提供个性化、高质量的学习支持服务，提升学习效果和满意度等方面。这些研究涉及了区域终身学习服务实践，为推动各地终身学习活动开展提供了积极参考。

终身学习服务体系建设应积极发挥地方的资源优势，充分利用地方各种资源来助推当地终身学习实践开展。随着城市化进程的加速，社区教育在我国尤其是沿海发达城市呈现出迅速发展趋势。各种社区教育机构、社区公共教育场馆（如图书馆、博物馆、文化馆、体育馆）的建设逐步完善，诸如学习型企业、学

---

① 贾炜，彭海虹，贾红彬. 开放大学服务学习型城市建设：角色、功能与展望——以上海开放大学为例[J]. 中国成人教育，2022(1).

② 余西亚，朱海燕，董鹏. 构建江苏省终身教育体系的思考与探索[J]. 教育理论与实践，2021(21).

③ 邓美珍. 信息时代服务全民终身学习的新型终身教育体系构建——以福建省为例[J]. 福建轻纺，2022(3).

④ 赵小花，张晓芳，仲红俐. 开放大学服务于终身教育体系构建的思考——以常州开放大学为例[J]. 云南开放大学学报，2021(4).

⑤ 黄晨. 数字化社区教育资源服务体系的构建——以张家港市为例[J]. 苏州市职业大学学报，2013(4).

⑥ 崔珍珍. 满足终身学习者学习需求的支持服务体系构建研究——以广州学习型城市建设为例[J]. 广州广播电视大学学报，2017(2).

⑦ 邓志建. 大连推进终身教育体系与学习型城市建设现状及对策研究[J]. 太原城市职业技术学院学报，2021(7).

习型社区、学习型城市等各种学习型组织逐步建立，城市各类教育机构为市民终身学习提供了充分的保障。全国社区教育实验区的推广初步实现了“每个实验区都能够有30%—40%的单位和家庭成为学习型组织”①的目标，充分利用地方组织的资源优势为本区域市民终身学习提供了基础和服务。

关于终身学习支持服务体系建设的策略研究，主要涉及以下方面：第一，更新终身学习观念。树立教育是贯穿于人一生的、连续性、整体性的观念，树立学校、家庭、社会三位一体的社会教育观念。在重视政府办学的同时，社会力量办学机构应成为终身教育体系的重要组成部分，促进教育社会化的形成。第二，确立支持保障机制。法制保障是终身教育的立法与执法问题，从国外终身教育的实践来看，许多发达国家如日本、美国等都相应制定了终身教育法，对终身教育的地位、作用及实施途径做了较系统的规定，从而促进了本国终身教育的发展。《中华人民共和国教育法》(1995年版)也规定“国家适应社会主义市场经济发展和社会进步的需要，推进教育改革，促进各级各类教育协调发展，建立和完善终身教育体系”，明确了在我国建立和完善终身教育体系法律保障。② 经费保障是构建终身教育体系不可或缺的因素。各级财政在确保教育经费三个增长(即各级政府教育财政拨款的增长要高于同级财政经常性收入的增长，在校学生人均教育经费逐步增长，教师工资和学生人均公用经费逐

---

① 教育部教职成厅.全国社区教育实验工作经验交流会议纪要[C].2001.

② 邵波.构建我国终身教育体系的难点与对策[J].中国科教创新导刊，2007(466).

步增长）的基础上，增设适当比例的全民终身教育专项投入。[①] 除此之外，国家成立相应的机构做好组织保障，规划、指导、调控、监督、评价全国的终身教育，[②]从体制上促进我国终身教育的实现，以保证人人能学习的学习型社会建设。

4. 国际比较

美国社会最早以社区教育为切入点构建终身教育体系。“社区教育”一词最早源于20世纪初美国教育学家杜威提出的“学校是社会的基础”的思想。为了提高国民素质，美国除了拥有布局合理、基础扎实、享有盛名的普通教育外，还创办了近2000所社区学院。美国社区教育作为社区学院的一个社会职能，主要向社区提供非正规的教育服务。教育对象包括整个社区各种年龄和各种职业以及退休和没有职业的所有居民。[③] 社区学院课程包括普通教育课程、职业课程和就业培训课程。社区学院不仅是教学中心而且还是文化中心，社区内不同年龄的人可以聚在这里学习、交流、娱乐。随着网络技术和信息科学的日益普及和发展，美国政府充分认识到远程教育具有巨大潜在的发展前景，大力促进各级各类学校采用各种技术手段构建远程学习平台，特别是利用网络的非同步教学、双向交互式的视频教学和单向式预录视频教学技术，减少学习者对时间和空间的依赖性。美国提供终身学习服务的主体大致分为四个部分：独立的终身教育机构、正规的学校教育机构、半教育性的组织机构

---

① 叶翔. 终身教育体系建构：中国的现状、问题与对策[J]. 湘潭师范学院学报(社会科学版)，2007(7).

② 周佳玲. 再论终身教育体系之构建[J]. 中国成人教育，2006(6).

③ 付志荣. 美国社区学院的社区教育职能[J]. 机械职业教育，2005(1).

和非教育性的组织机构。[①] 首先是具有教育性质的正规学校教育机构主体。主要包括美国公立中小学、社区学院、四年制大学和学院、农业合作推广处等。其中，社区学院作为终身教育的重要机构，对美国终身教育的发展具有重要推动作用。其次是独立的终身教育机构。为了实现和满足全民的终身学习需求，美国设置了独立的终身教育机构，帮助结束传统学校教育的人继续接受教育。第三类为半教育性的组织机构。这类提供学习服务的主体有社区组织、文化组织和各种职业协会，民间社会团体为美国的终身教育发展发挥了不可忽视的作用。最后是非教育性组织。可以理解为本身既非传统的教育机构，也不具有教育性质，但能够为教育发展提供服务而设立的组织，主要包括工商企业、工会、政府机构和军队等。

英国发展终身教育时“更多的是发挥其成人教育历史传统的同时，再辅以系列具体的立法措施来实现终身教育所提倡的各项原则”[②]，后来主要是走远程教育发展之路。其成功经验主要有两条：一是精心设计制作高质量的多媒体课程材料。这些材料不仅在英国各大学享有盛誉，而且被国际远程教育界推荐利用。二是为学生提供多种学习支持服务。英国开放大学将整个英国划分成十多个地区，每区建立一个地区办公室，下辖数百个学习中心，在各地共聘任了数千名课程辅导教师和咨询顾问。无论是经济收入较低的体力劳动者，还是不符合传统大学入学条件的人，只要自己愿意，都能够参加开放大学的学习。

---

① 桑宁霞，任卓林. 国际视野下终身学习服务体系构建的路径选择[J]. 中国成人教育，2021(3).

② 胡海云. 英国终身教育发展的特点探略[J]. 湖北大学成人教育学院学报，2003(2).

日本的教育体制改革主要是围绕建设终身学习体系进行的，发展终身学习体系已经成为日本的一项基本国策和教育政策。产业界用终身教育来指导企业员工教育和职业能力开发，教育界用其指导教育改革，社会保障界将其纳入长寿社会综合战略之一，而且其他行政部门及民间企业、团体也积极参与其中，形成日本式的终身教育。[①] 为了建立起完备、系统的终身学习推进体制，日本在国家和地方两个层面确定了各自的职能，加强了体制建设：一是建立国家级推进机构。日本文部省于 1988 年设立了终身学习局，作为推动终身学习体系建设的组织机构。二是确定全国性推进政策。终身学习审议会作为文部大臣的咨询机构，是制定终身学习政策的全国性机构。在建立终身学习体系的过程中，终身学习审议会根据发展的状况和需要，及时提出对全国具有指导性的政策和建议。三是明确文部省的职能。文部省作为国家主管文化教育的行政机关，在推进终身学习体系建设中发挥着重要作用。

韩国于 1999 年正式颁布实施《终身教育法》，通过法律明确对终身教育设施建设加以规定，尝试构建韩国的终身学习服务体系，分为独立终身教育机构、附设终身教育机构和其他公共教育设施。独立的终身教育机构主要包括企业大学、远程教育机构、事业单位设立的终身教育机构和社会团体设立的终身教育学校。附设终身教育机构主要包括学校附设终身教育机构，舆论机关附设终身教育机构，从事知识、人力开发的事业机关附设终身教育机构，此外还有公共教育设施，如图书馆、博物馆等。韩国重视终身教育资源专属，设立独立的终身教育机构服务国

---

① 崔世广. 日本终身教育的特征及启示[J]. 民族教育研究，2006(4).

民学习，由各大学及其他机构附设终身教育院，主要进行非学历教育。[①] 高校首先积极参与到终身教育发展中来，建设终身教育院，利用场地、课程、师资等教育资源，面向社会公众进行相关知识的教育普及。经营报纸、广播等有关的舆论机关附设终身教育机构，通过当地舆论媒体传播丰富多样的终身教育节目，利用其舆论优势来为公民宣传更多的学习知识。从事知识、人力开发的事业机关附设终身教育机构，利用其拥有的知识信息进行教育培训，促进人力资源的开发。[②]

（二）文献评析

第一，无论是国内还是国外，政府层面高度重视人力资源开发。把终身教育思想作为教育改革的指导原则，把终身学习服务体系的构建作为提高整个国民素质的重大战略予以实施。政府层面高度重视人力资源开发，不仅体现在政策制定上，更体现在实际行动中。通过制定相关法律法规，确保终身教育理念的落地生根；通过加大财政投入，为终身教育的发展提供坚实的物质基础；通过设立专门机构，负责终身教育的规划、协调与监督，确保各项措施得到有效执行。

第二，注重现代科技在终身教育领域的实际应用。随着信息技术的飞速发展，互联网、大数据、人工智能等前沿技术正逐步渗透到教育的各个角落。这些技术的运用，不仅极大地丰富了教育手段，提高了教育效率，更为学习方式的创新提供了无限

---

① 于亦璇.韩国终身教育发展研究及对我国构建学习型社会的启示[J].中国成人教育，2020(2).

② 桑宁霞，任卓林.国际视野下终身学习服务体系构建的路径选择[J].中国成人教育，2021(3).

可能。注重教育改革与学习方式的创新，适时采用远程教育手段推动终身学习服务体系的构建。开发优质在线课程，实现教学资源的数字化、网络化，让学习者能够随时随地获取所需知识。同时，通过数据分析与挖掘，教育机构能够更精准地了解学习者的需求与特点，从而提供更加个性化的教学服务。

第三，注重全社会优质教育资源的共建共享。在终身教育理念的引领下，政府积极倡导并推动各类教育机构、企业、社会组织等共同参与教育资源的建设与分享，期望通过构建开放、共享的教育资源平台，实现线上线下教育资源的有机融合与高效利用。这样不仅能够避免教育资源的重复建设与浪费，还能够让更多人享受到优质的教育资源，从而促进整个社会的教育公平与进步。

（三）研究展望

通过对已有研究的剖析，可以发现还可以有以下拓展空间：第一，终身学习服务体系的构建还缺乏顶层设计和可推广的应用模式。一些基层工作者在实践中往往只见树木不见森林，理论研究各自为政的现象相对明显。第二，资源供给的整合还有空间。虽然近年来各级各类教育机构的供给在一定程度上满足广大社会成员对学习资源的需要，但是面对众多的终身学习个体，有限的教育资源仍显力不从心。第三，数字化资源建设力度还需加大。终身学习服务体系中的数字化形态整体发展不足，包括数字技术普及不足、数字化平台和资源供给不足、数字化基础设施建设不足等。数字技术的发展迅速，人们的数字素养和接纳能力还有待提升。第四，还需关注终身学习的实施主体。学者们对终身学习服务的系统设计、技术应用、模型构建等方面予以了高度关注，而在一定程度上忽视了对服务主体因素——“人”，即对教育者与学习者的关注，忽视了学习者的需求，忽视了教师的发展支持。

未来研究可以在以下四个方面进行拓展：第一，加强对终身学习理论与政策体系研究。终身学习体系构建应建立在政策深化和理论研究的基础之上，根据具体区域发展情况谋定而后动，应用研究要着重关注终身学习支持服务体系构建的目标、实施的条件以及基层学习型组织建设，并研究相关的终身学习体系的管理策略，使得终身学习体系构建有章可循、有序可行，提高行动的效率和质量。第二，加强对终身学习支持服务的方法和策略研究。包括课程选择、学习过程、学习动机激励与行政管理等方面的支持服务研究。第三，加强对个性化学习模式、学习内容等方面的支持服务研究。系统的终身学习支持服务体系应该是全纳的，终身学习的内容、服务主体、成果评价、学习过程等要素需要经过大量的理论研究和实证调研，最后形成系统化的具有发展张力的成果。第四，加强对终身学习场馆建设的规划研究。虽然已有一些如文化馆、博物馆等公共服务场所融入终身学习活动中，但这些场馆的终身学习专属性不强。实现学习场馆的覆盖性、学习环境设计的人性化、学习资源整合的规范化、学习过程推进的完整性与可持续性，加强终身学习场馆的建设和运营等方面还需要做进一步探索。

第四章

市民终身学习支持服务体系的构建举措

在迈向知识型社会的今天，市民终身学习已成为推动社会进步与个人发展的核心动力。构建全面而高效的市民终身学习支持服务体系，不仅是对时代需求的积极响应，更是实现全民素质持续提升的关键所在。本章围绕四大核心支柱展开深入探讨：明确市民终身学习的政策支持框架，为学习之路铺设坚实的政策基石；优化与丰富市民终身学习的资源供给，确保学习内容的多样性与获取的便捷性；探索创新的服务方式，以满足不同群体、不同场景下的学习需求；重视并打造一支专业的服务队伍，为市民终身学习提供温暖而有力的支持。通过这一系列举措的综合实施，旨在构建一个开放包容的学习环境，让终身学习成为每一位市民生活中不可或缺的一部分，谱写文明新篇章。

一、市民终身学习的政策支持

市民终身学习已然成为提升个人竞争力、促进社会全面进步的不竭动力。为实现这一宏伟目标，政策支持如同灯塔，引领人们迈向更加智慧、更加包容的未来。通过大力推进学习型社会建设，营造全民学习、终身学习的浓厚氛围，不断完善全民终身学习服务体系，确保学习资源的丰富与获取的便捷，着力促进终身学习服务公平普惠，让每一位市民，无论地域、年龄、职业，都能享受到学习的红利。

（一）推进学习型社会建设

终身学习是学习主体从自身出发，为了满足其生命中各个时期的需求，持续开展学习。服务机制是指服务体系中各要素间的内在联系、功能及运行，在任何一个系统中，机制都起着基础性、根本性作用。终身学习服务机制是各要素有机协同确保终身学习能成为每一位社会成员自觉意识和行动的运行机理。终身学习支持服务体系的构建离不开组织协调机制的有效运作，只有正确地处理系统内部各要素或各子系统之间的关系，才能以最优化的运行方式推动终身学习的合理、高效运行。

2023年教育部发布的《学习型社会建设重点任务》作为学习型社会建设的重要政策文件，明确了学习型社会建设的目标、任务、实施方式及推进安排等关键内容。文件将建设学习型社会、学习型大国作为建设教育强国的战略举措，把教育数字化作为推进学习型社会建设的“倍增器”。通过树立“大教育观”，推动各种教育类型、资源、要素的多元结合，打通家庭教育、学校教育、社会教育各环节，构建网络化、数字化、个性化、终身化的教育体系。文件主要包括以下五大任务：一是加强新时代学习型城市建设，以全球学习型城市网络成员城市为示范，以省会城市为引领，以地级市为重点，以城带乡、城乡一体，逐步扩大覆盖面；二是推进县域社区学习中心建设，建立健全城乡一体的县（市、区）社区教育学院、乡镇（街道）社区学校、村（社区）教学站

（点）三级社区学习中心网络；三是推进学历继续教育教学改革创新，推动落实《教育部关于推进新时代普通高等学校学历继续教育改革的实施意见》；四是推进非学历教育改革创新，贯彻《普通高等学校举办非学历教育管理规定（试行）》，落实“自招自办自管”原则，实施精准规范管理，创新育人模式；五是探索三教统筹协同创新路径，按照“集中资源、率先突破、带动整体”的原则，探索统筹职业教育、高等教育、继续教育协同创新的具体路径。学习型社会为每个人提供了终身持续学习的机会和平台，有助于提升个人的综合素质和竞争力，推动人的全面发展。通过构建资源融通与共建共享的终身学习公共服务平台，推动各类教育资源的开放共享，有助于缩小教育资源的地域差异，促进教育公平。实现所有社会成员均能享有社会公共学习资源，促进个体成长与社会整体进步。

（二）完善全民终身学习服务体系

在相关政策文件中，建构全民终身学习服务体系的理念被多次提及，并且同时提出了与之相应的工作目标。2006 年在上海市委、市政府印发的《关于推进上海学习型社会建设的指导意见》中明确提出“到 2010 年初步建成‘人人皆学、时时能学、处处可学’的学习型社会框架”的总目标。《中华人民共和国国民经济和社会发展第十二个五年规划纲要》明确提出“加快发展继续教育，建设全民学习、终身学习的学习型社会”。《国家教育事业发展第十二个五年规划》提出“在全社会树立终身学习的理念，在终身学习框架内推动各级各类学校教育教学改革，加强对学习者学习兴趣和自主学习能力的培养”。并指出要“研究起草推进终身学习的法律法规。制订各领域继续教育发展规划。推动各级政府、行业和企事业单位加大对继续教育的投入。建立继续学习成果认证、学分积累和转换制度，促进不同类型教育之间的衔接和沟通，搭建通过各种学习途径成才的‘立交桥’”。《国家教育事业发展“十三五”规划》明确提出“以教育信息化推动教育现代化，积极促进信息技术与教育的融合创新发展，努力构建网络化、数字化、个性化、终身化的教育体系，形成人人皆学、处处能学、时时可学的学习环境”。

近年来，随着上述政策目标的实现，各地加大了对终身学习支持与服务的工作推进。2019 年《中国教育现代化 2035》提出“更加注重终身学习”等推进教育现代化的八大基本理念，并将“建成服务全民终身学习的现代教育体系”确定为 2035 年主要发展目标之一。2020 年习近平总书记在“教育文化卫生体育领域专家代表座谈会”上的讲话指出“要完善全民终身学习推进机制，构建方式更加灵活、资源更加丰富、学习更加便捷的终身学习体系”。2021 年《国家教育事业发展“十四五”规划》将“终身教育满足学习型城市建设需求”列为主要目标之一，提出“建立健全社区教育网络，推进终身教育，发展老年教育”。2023 年习近平总书记在中共中央政治局第五次集体学习时强调“要建设全民终身学习的学习型社会、学习型大国，促进人人皆学、处处能学、时时可学，不断提高国民受教育程度，全面提升人力资源开发水平，促进人的全面发展”。进一步完善全民终身学习的教育服务体系，对保障全民享有终身学习的机会、办好人民满意的教育具有重要意义。

教育兴则国家兴，教育强则国家强，终身教育是实现教育强国目标的重要路径。建立健全完善的终身学习支持服务机制，能让人民群众享有更多学习的机会、更便捷的学习资源、更高质量的教育服务,从而能更好地推动教育强国建设,助力办好人民满意的教育的目标实现。

因此,构建市民终身学习的服务机制,从国家层面来说,明确了需要加强顶层设计、明确工作目标要求,完善组织、考核、监督等相关政策;从地方相关部门来说,根据各地发展实际,因时因势把握进程,统筹各类资源,建立起立体化教育资源服务体系、构建便捷的服务平台、提供灵活高效的个性化教育服务。

(三)促进终身学习服务公平普惠

为了能向全体市民提供公平普惠的终身学习支持服务,需要在更广泛领域予以大力推进。通过梳理相关政策可以发现,各级政府与教育部门在推进市民终身学习普惠服务方面也做了积极探索。

在国家教育数字化发展战略层面,通过统筹建设一体化智能化教学、管理与服务平台,汇聚大量教育资源,提供优质课程,提升数字资源服务水平,可以有效推进学习资源的开放共享。数字化技术的使用可以有效打破地域限制,一定层面上扩大了优质教育资源的覆盖面,使更多人能够便捷地获取学习资源,促进终身学习服务的公平普惠。

在基础教育政策层面,优化区域教育资源配置,推动基础教育优质均衡发展,可以逐步缩小城乡、区域、校际、群体差距,包括优化教育人才、经费、基础设施的配置等方面。为了每个孩子都能享受到高质量的基础教育,可以通过均衡发展政策减少教育不公,为每位个体的终身学习奠定坚实基础,促进终身学习机会的公平分配。

在统筹职业教育、高等教育、继续教育协同创新层面,通过全面优化各类教育结构、强化“三教”协同、构建终身学习体系、深化产教融合、推动资源共建共享等措施，全面提升我国教育体系的整体效能，构建高质量教育体系，提高人才培养质量，推动教育现代化进程，为全面建设社会主义现代化国家提供坚实的教育保障。

在社区教育政策层面，建立社区教育网络，提供多样化的学习活动和资源，可以满足社区居民的终身学习需求。通过社区教育平台将学习资源送到居民家门口，提高学习的便利性和可及性，特别要做好对老年人和弱势群体的教育服务，有助于实现学习机会的公平普惠。

在老年教育政策层面，加强老年教育平台建设，提供针对老年人的学习资源和活动，可以促进老年人身心健康和融入数字社会。随着社会人口老龄化的加剧，老年教育成为终身学习支持服务的重要组成部分。该政策旨在满足老年人的学习需求，提升他们的生活质量，同时促进代际间的知识传递和文化传承。

在学习成果认证与转换政策层面，推行学分银行制度，认可多种学习成果，包括非正式学习和在线学习成果，可以实现学习成果的互认与转换。这一政策有助于打破传统学历教育的界限，鼓励人们通过多种途径参与学习，提升个人技能和素养，同时也为终身学习成果的认可和应用提供了制度设计。

在经济支持政策层面，设立终身学习奖学金、助学金等经济支持措施，可以特别关注低收入家庭和学习困难群体。运用经费支持政策可以减轻学习者的经济负担，确保更多人，特别是那些经济困难的学习者都能参与到终身学习中，从而实现学习机会的公平分配。

在校企合作政策层面，鼓励企业与教育机构合作，共同开展职业培训和继续教育项目，可以实现教育资源的共享与互补。通过校企合作可以促使企业实际需求与教育机构资源相结合，提供更具针对性和实用性的学习机会，同时也有助于提升劳动者的职业技能和就业竞争力。

在政策评估与反馈层面，建立终身学习服务政策的评估与反馈机制，可以定期监测政策实施效果，并通过评估反馈进行调整和优化。政策评估与反馈机制可以及时发现和解决政策实施过程中存在的问题和不足，有利于探索终身学习服务公平普惠的持续推进策略。

这些政策共同构成了促进终身学习服务公平普惠的政策体系，涵盖了学习资源、学习机会、学习支持、学习成果认证与转换等多个方面，从而满足不同人群的学习需求，提升全民终身学习水平。

二、市民终身学习的资源供给

梳理与完善终身学习资源需要从终身学习资源的特点入手。结合市民终身学习的方式，一般而言，其学习资源可以涉及课程资源、学习资源、品牌资源与人文资源等方面。在资源的培育与建设中，需要明确学习需求类型，从而不断完善学习资源的供给。

（一）课程资源在数字赋能中迭代

课程资源，尤其是微课程资源，已经成为当前市民终身学习的重要内容。顾名思义，微课程主要是满足市民利用碎片化时间学习的特点，以社区居民需求为基础，顺应数字学习的趋势，以小视频、图片等形式创建的科学、教育、文化、卫生等学科微缩类多媒体课程。这些课程资源可以实现图文结合、动静相间，既可以是独立的微课程，也可以是系列微课。为了帮助市民系统学习知识，需要撰写系列微课脚本，重视逻辑顺序，强化微课间的因果关系或前后关系，从而吸引学习者持续学习。随着数字化时代的来临，终身教育必然要与数字化、智能化紧密关联。根据市民多样化的学习需求实际，可以开发或购买包括生活技艺、家庭理财、医疗保健、家庭教育、语言培训、文学艺术、历史哲学、民风民俗、信息技术、道德修养等内容的数字化学习资源。这些精心制作的微课程学习资源通过主题突出、通俗易懂、画面精美的样式设计，使学习者可以随时随地进行学习，并沉浸其中。数字化学习资源具有高度迭代的特点，需要不断更新推进、融合发展。诸如 ChatGPT 大语言模型、Sora 大视频模型等人工智能生成式资源的新技术生成和模态发展速度都非常迅速，使得数字化终身学习服务资源的供给需要不断推陈出新。

案例 2

尚学·悦学在普陀

——终身学习数字化资源生产、应用、辐射

上海市普陀区社区学院以“尚学云学堂”平台为载体，通过传授老年人短视频剪辑技能，让老年人以短视频的方式与大众分享其生活点滴、学习心得与人生感悟等和文化生活相关的内容。利用微信、短视频等网络技术，借助抖音、快手、微信视频号平台，积极融入信息化社会，帮助市民共建共享数字化文化生活，跨越“数字鸿沟”。

(二) 学习资源在因地制宜中拓展

随着市民终身学习力度的不断加大,上海市推出了市民文化传承及科学创新社区学习坊建设项目,以培育市民的科学意识和创新素养,充分发挥社区非遗项目和社会组织的资源、场所优势,打造服务社区、面向市民的社区教育课程,培育一批具有文化传承和创新元素的社区学习坊,为市民提供泛在可选的优质终身学习资源和项目。学习坊的建立与推广可以为市民提供形式多样化的传承传统文化、传播科学文化的教育活动,让市民生活更有质感,让城市发展更有温度。同时也能营造全民终身学习的浓厚氛围,积极弘扬优秀传统文化、科学创新的良好风气。《上海市教育发展"十四五"规划》明确提出要"促进市民终身学习和终身发展。进一步完善终身教育体系,增强服务市民终身学习和终身发展的能力"。这是丰富各类学习资源,创新社区教育载体,扩大社区教育服务规模的要求与举措。为此,一批社区学习坊资源应运而生。

华东理工大学在普陀区曹杨新村街道开设了"融创非遗"社区学习坊课程体系。该课程基于化学和艺术的基本原理,系统地阐述化学与主要艺术种类如国画、连环画、书法、油画、版画、雕塑、音乐、陶瓷等艺术的内在联系,详细介绍了化学学科对艺术创作、艺术形式和艺术用材料等的显著影响,继而深入探讨艺术作品中蕴含的科学原理。作为平台型资源的普陀区"全民尚学"社区学习坊以"好学、乐学、博学,崇尚、时尚、高尚"为价值理念,以"全民尚学,能者为师"为目标,依托上海科普驿站、上海图书馆、上海学习网、喜马拉雅、阿基米德等优质教育资源,集教育服务、信息咨询、展示交流、党建宣教、便民公益等功能于一体，免费向市民提供优质终身学习资源。

其他类似的社区学习坊还有很多，比如，上海中医药大学和岳阳医院在黄浦区打浦桥社区文化活动中心开设了“岐黄惠民”社区学习坊课程体系，上海师范大学、上海电信博物馆、上海电信信息生活体验馆在宝山区青少年活动中心共同开设了“无线通信”社区学习坊课程体系，东华大学和松江布艺馆在松江区永丰街道开设了“知布织道”社区学习坊课程体系，同济大学和上海市野生动植物保护协会在普陀区宜川路街道开设了“苑怡美境”社区学习坊课程体系。这些社区学习坊都是因地制宜，充分利用地域现有资源的整合应用而生的市民学习场景。

2019 年由上海市教育委员会指导，上海申创教育发展中心承办的首批上海市民文化传承及科学创新社区学习坊全部建成，其中融合了高校、企业、校外教育机构及社区街道的优质资源，打造服务社会、面向市民、落地社区的新型学习方式。社区片区在原有老年社会化学习点工作基础上进行片区改建，已具备建设成社区“学习坊”的良好条件，这将区域终身教育触角延伸到辖区内更多不同年龄的居民，终身学习多元场所的增加拓展了终身学习空间。社区学习坊的建设形成了区域市民终身教育网络，为市民终身学习可持续发展打开了新局面。发挥在课程开设和活动开展方面的灵活性优势，可以重点拓展 0—3 岁早教、家庭教育指导、青少年科学探索以及智慧助老等类课程，以提升市民数字素养；紧密结合街镇教育联合体与公益服务社会组织的联系，可以在中小学、居民社区等开展体验式学习活动；借助片区资源，培育学习团队，带动更多社区居民参与终身学习，在扩大社区学习坊参与主体的基础上不断拓展学习成效。

(三) 品牌资源在终身学习中汇聚

对于“终身学习品牌项目”,中国成人教育协会给出了操作性界定,即“利用各类教育和社会资源,依托一定场所,面向社会,有计划、持续性为广大群众提供终身学习服务,具有鲜明特色和一定学习规模,并在本地区或本行业具有较强的影响力和感召力,具有较强示范作用的百姓终身学习活动和教育培训项目”。终身教育品牌资源能够有效扩展终身学习的实现形式和途径,为市民终身学习提供更丰富的学习资源、更多的学习场所和更好的学习条件,最大限度地满足市民日益增长的终身学习需求,形成浓厚的学习氛围,促进人的全面发展。各地所开展的群众性读书活动、学习沙龙、社区文化艺术节、国学传承公益课程、海派非遗项目、健身工作坊等项目,都是以品牌资源的打造为引领推进终身学习实践深化。

各地在为市民实施普及与提高相结合的终身学习计划中,采取了送教上门、联手共建、购买服务等多种方式让市民终身学习灵活多样、资源共享,旨在促进市民整体文化素质的提升。“中国优秀传统文化进学校、进课堂,提升学生人文素养”的终身教育项目涵盖了国学知识、书法、国画、篆刻、昆曲、民乐、围棋和秸绣等。这些项目极大地丰富了中小学和幼儿园的拓展课程,通过推广和普及中国优秀传统文化,有效提升了学生人文素养,成为推进市民终身学习的特色品牌。

终身学习品牌项目还可以依托市民大讲堂为载体,面向市民开展专题讲座。讲师们根据自身专业优势,结合市民学习需求,推出一系列富有特色的主题,可以涵盖诗词鉴赏、琴棋艺术、信息技术、休闲养生等各类市民喜闻乐见的主题。市民终身学习品牌活动不仅可以促进终身教育机构教师转型发展，也能有力推动市民终身学习活动深化。

案例 3

全民阅读，十年不殆

——市民读书节

书籍是人类进步的阶梯，阅读是人类获取知识、启智增慧、培养道德的重要途径。自 2014 年以来，全民阅读已写入上海市政府工作报告，并上升为国家发展战略。各地推出的市民读书节打造了系列特色品牌，激发了全民阅读的热情，对建设书香社区和学习型城市发挥了十分重要的作用。市民读书活动坚持以学习者为中心，厚植全民阅读理念、服务群众学习需求，持续扩大市民读书活动的覆盖面与参与度，通过推进全民阅读走实走深，全民阅读定能有效促进终身学习活动升华。

（四）人文资源在城市研学中凝练

上海市教委和上海市文明办共同推进了“申城行走，人文修身”活动。通过深度挖掘上海的经济、社会、文化、历史等方面的文化内涵和教育价值，形成“人文修身学习点”，并将主题特色、文化内涵与学习点相串联，形成人文行走学习路线。通过引导市民寻找、参观与体验，去感受与感悟人文景观和人文知识，从而“在行中学，在学中行”。带动市民通过行走观城市建筑，通过阅读品城市文化，通过学习润人文情怀，通过修身立正己之德，以修身行动提升市民文明素养。

蕴含着历史和文化特色的人文行走路线可以涵盖技能体验类、爱国教育类、科学普及类、文化素养类、艺术教育类、历史建筑类、非遗传承类等各种人文行走学习资源，引导市民在游学中探寻城市社区历史文化脉络。同时，还需要强化科普素养、科创经济等内容，创新学习方式、激发学习者的兴趣和动力，力使更广泛的市民关注和参与活动。

为有效开展人文行走学习活动，还可以发挥街道（镇）团组织、工会、侨联、科协等联组联建作用，开展人文行走学习活动。如街道（镇）工会可以组织企事业单位员工参观历史文化陈列室，增加员工对生活和工作街区的认同感。侨联从弘扬民族文化入手，组织区域内侨胞及其家属学习辖区内非遗文化项目；街道科协可以组织市民到博物馆、科技馆等场馆开展学习活动，拓展人文行走的空间，使人文行走学习活动更加深入市民的心灵。要吸引市民积极参与人文行走学习活动，还要对现有的学习点内容进行重新建构，突出人文性和体验性。不仅要关注知识的获得，更要强调对历史人文的感悟，并不断激发市民自发、自主开展学习活动，让人文行走在市民中的知晓率不断提高，效果不断呈现。

三、市民终身学习的服务方式探索

从学历教育在需求导向下的不断完善，到职业技能在平台培训中的持续提升，从学习方式的感知体验创新，到数字素养在信息联通中的不断增强，再到文化交流的互动展示，以及人文情怀在沉浸式学习中的深刻体现——社会正以多元化的服务方式，满足市民日益增长的学习需求，让每个人都能找到属于自己的学习之道，共同绘制出一幅幅绚丽多彩的学习画卷。

（一）学历教育在需求导向中不断完善

当前，随着社会经济的快速发展和知识的不断更新迭代，市民接受继续教育的需求呈现出日益增长的趋势，这对市民学习内容的完善与协同机制的构建提出了更高的要求。针对这一迫切需求，区域高校需致力于课程知识的优化与更新，以确保所提供的课程内容既能够涵盖基础理论知识，又能够紧跟时代发展的步伐。通过及时融入最新的研究成果与实践案例，融合课程的系统性和前沿性，使学习者能够在掌握扎实基础知识的同时，了解并掌握最新的学科动态和发展趋势。

需要为不同背景和时间要求的学习者提供更多的学习机会和更丰富的学习课程，实现他们在工作和生活之余继续学习深造，将有助于满足市民个性化的学习需求，提高学习的针对性和有效性。学习者可以随时随地进行学习且不再受限于传统的教育模式，不仅能促进终身学习理念的落实，还能有助于提升社会的整体文化素质和知识水平，为经济发展注入新的活力和动力。

对于市民非学历继续教育而言，通过持续完善课程与合作机制，可以构建更加完善、高效的继续教育学习体系。通过提供更加优质、全面的继续教育学习服务，可以更好地满足广大学习者不断提升自我、适应社会发展的迫切需求。

（二）职业技能在平台培训中不断提升

职业能力的发展与转型已成为个人和组织共同关注的焦点，社会各界已逐渐认识到，单一的职业技能已难以满足日益复杂多变的工作需求，提升个体的职业竞争力和适应能力显得尤为重要。通过提供专业认证的培训课程，定期组织涵盖人工智能技术、数字营销、数据分析等热门领域的技能训练学习坊，开设职业发展指导课程，可以帮助市民规划职业生涯并提供个性化建议。

通过搭建诸如在线学习平台、实践实训基地、行业交流论坛等多元化的学习与发展平台，可以为市民学习提供丰富多样的学习资源和实践机会，在拓宽视野、提升技能的基础上，实现职业能力的全面发展。

(三) 学习方式在感知体验中不断创新

社会的发展使得市民学习需求呈现出多样化、个性化的特点，传统的学习方式已很难满足这种需求。因此，探索和创新更加高效、更加多样的学习模式显得尤为重要。向学习者提供多样化的课程选择，个体可以通过课程学习参与到诸如绘画、音乐、舞蹈、烹饪等领域的各种兴趣爱好的体验和实践中，不仅实现技能的传授，还可以推动社交和文化互动，通过鼓励市民分享知识和经验，可以丰富社区文化生活；通过组织相关的社群活动，可以促进市民之间的交流和分享；通过建立学习社群平台或者在线社区，可以培育市民的共同兴趣。随着数字化与智能化的学习手段的运用，可以构建更加丰富、便捷的市民学习方式。通过随时随地开展自主学习，不仅可以提高学习效率，还能极大地丰富市民的学习体验。

为了匹配市民学习需求，可以不断推出各类文化、艺术、科技等领域的学习活动，这既有助于培养市民广泛的兴趣爱好，还能让他们在轻松愉快的氛围中提升自我修养和综合素质。在此过程中，还需关注学习资源的均衡分配和学习成果的有效评估。确保所有市民都能享受到优质的学习资源，并在学习过程中获得实实在在的成长和进步，推动社会整体文化素质和创新能力的不断提升。

(四) 数字素养在信息联通中不断增强

随着信息技术的迅猛发展，大数据、云计算、人工智能等先进技术的广泛应用，教育领域对信息化的需求日益增长，信息化学习能力已成为市民终身学习必备的核心素养之一，而掌握丰富资源的培训机构可以利用自身优势有效培育市民信息素养，提升市民终身学习质量和学习效果。此外，还能培养市民的创新能力和适应信息社会的能力。通过系统的知识更新和技能培训，可以让市民紧跟信息化发展的步伐，应用最新的技术手段开展学习活动。通过接受基础和高级数字技术的课程培训，以及针对不同年龄和技术水平开设的数字素养培训，可以帮助市民有效利用互联网和数字资源，结合个性化的数字技术咨询和辅导服务，帮助市民解决市民在技术使用过程中的实际问题。

为了顺应这一趋势，终身教育机构与各类社会组织可以通过构建数字化学习平台、推广在线教育资源、开展信息技术培训等多种方式，夯实市民的信息化学习能力基础，培养市民利用数字工具进行自主学习、协作学习与创新学习的能力。在此过程中，还需要关注信息安全与隐私保护问题，确保市民在享受数字化学习便利的同时，其个人权益也能得到充分保障，为市民创造更加便捷、高效、安全的学习环境，助力其在数字化时代中实现自我提升与全面发展。通过加强包括电子图书、多媒体课件、在线课程等在内的数字化资源建设，推广移动学习应用，可以方便市民随时随地获取学习资源并进行学习，方便市民灵活安排学习时间，充分利用碎片化时间进行学习。同时，可以依托在线学习、混合学习、协作学习等形式，为市民提供丰富多样的学习选择，涵盖各个领域和层次的学习内容，提升学习的广度和深度，提高市民的学习体验和成效。

通过致力于提升老年人的学习品质和生活品质，始终秉持“服务区域老年人学习需求”为导向，在区域内打造有活力、有特色、高品质的学习团队，注重老年学习团队培育，持续提升团队社会影响力，营造了良好的终身学习氛围。另外，通过推进数字教育进社区，开发老年智慧学习场景，组建智慧助学团队，加强课程配送，让老年数字教育实现处处可学、便捷易学，可以切实提升区域老年人数字素养与技能。

在实践过程中，还需要依托学习型组织的创建推动团队学习。有效推进数字化技术和数字设备在学习型组织内的普及度，发挥数字技术潜力，促进各类学习型组织的培育和能级提升。在支持信息技术数字赋能方面，加强网络建设是扩大终身教育资源覆盖面的重要支撑力量。政府与教育部门通过建立数字学习平台，可以使得更多市民轻松获取终身教育资源，实现随时随地的学习。

（五）文化交流在互动展示中不断发生

推进文化交流的目的是利用所创造的跨文化、跨学科互动平台，使市民能够在多样化的环境中开阔视野，从而提升全球视野和跨文化理解能力，更好地促进文化多样性、推动教育强国建设。这类项目主要是促进知识的分享与传递，让市民不仅可以通过学习获取新的知识和技能，还可以通过讨论和合作解决实际问题，增强团队合作和集体智慧。同时，广泛的人脉网络对个人职业发展也会带来深远影响，并能促使在学习社群和合作学习项目中的小组活动和互动学习效果得以提升。定期组织的学习分享会和讨论会可以促进市民之间的交流和知识分享，加强合作学习可以增强团队合作能力。

面对市民对知识获取和技能提升的多元化需求，传统的单向传授式学习已难以满足。因此，构建包含在线论坛、社交媒体、协作工具等多种形式在内的交流平台，可以促进学习者之间的即时互动与经验分享，还能够增强学习的参与度和实效性。

这种互动式学习项目的设计能够激发学习者的主动探索精神，使其在解决实际问题的过程中深化理解，提升其实际应用能力。这类项目强调学习者的主体地位，通过鼓励其不断实践、反思和合作来建构知识体系，从而培养批判性思维、创新能力和团队协作精神。与此同时，还可以关注学习项目的科学性与针对性，确保其能够紧密贴合学习者的实际需求，实现学习成果的最大化。

（六）人文情怀在沉浸式学习中不断体现

文化传承不仅是弘扬民族精神，而且是丰富人文素养的关键途径之一，市民可以通过深入了解和感悟历史文化的精髓，不断增强文化自信和民族认同感。通过保护和传承区域文化遗产，不仅可以丰富人们的文化生活，还能培养人们对美的鉴赏能力和对文化多样性的尊重。开展传统节庆、传承民间艺术、保护历史遗迹等文化活动可以让市民深入了解和欣赏不同的文化形式和艺术生活。此外，关注文化传承在教育领域的应用，提供关于文学、历史、哲学、艺术史等方面的课程学习和文化讲座，可以帮助市民形成全面的知识体系和健全的人格力量，以及深远的人文素养。市民越来越意识到，单纯的知识传授已不足以全面培养个体的人文素养，而需要通过更加直观、深刻的方式，使个体在亲身体验中感悟文化的魅力，从而内化为人格的一部分。沉浸式文化体验正是基于这样的理念而产生，其通过运用如虚拟现实、增强现实等现代科技手段，创造出逼真的文化场景，使体验者仿佛置身于历史的长河或艺术的殿堂之中，深度感受文化的韵味与精髓。

市民可以在博物馆和历史文化遗址看到利用虚拟现实技术重现古代文明或历史事件的场景，让参观者能够“亲历”历史，更加深刻地理解文化的演变和传承。在学校课堂上，可以采用增强现实技术将文学作品或历史事件以三维立体的形式予以呈现，使市民在互动体验中学习，极大地提高了学习的趣味性和效果，特别是在艺术节或文化活动中可以为市民打造全方位的艺术享受，使其在视觉、听觉甚至触觉上都能与文化作品产生深度共鸣。这样的环境不仅有助于提升个体的审美能力和文化认同感，还能够激发其创造力和跨文化交流的能力。

通过充分利用社会力量，挖掘历史文化积淀，增强终身学习内容的丰富性和多样性，可以确保不同背景、不同兴趣的个体都能在其中找到共鸣，实现人文素养的全面提升。例如，上海市普陀区打造的“百年苏州河，魅力十八湾”“重温红色之路，探寻长征发展”等人文行走路线连接了纺织博物馆、苏宁艺术馆、淞沪抗战十九路军军部遗址等多个学习点；上海市杨浦区以“人民城市·文明行走”的杨浦特色地标建筑为脉络，引导人们开启城市漫步（City Walk）专属路线感受美好生活；上海市长宁区以推进“书香长宁”阅读品牌和文旅深度融合为主题，积极推广全景、全域、全程式阅读，为市民游客打开了“城市阅读新方式”；上海体育大学马克思主义学院在“大思政课”建设中，坚持用历史讲思政、用体育讲思政、用文化讲思政、用实践讲思政，将面向上海市民终身学习的“人文行走”教学资源转化为面向青年大学生的实践教学资源，并整合校内外多种资源，包括与上海市委党史研究室、上海市体育局等多家单位的合作，建立“大思政课”实践教学基地；松江区立达中学将研学之旅视为“人文行走”的一种形式，通过丰子恺纪念馆和丽水古堰画乡等研学活动，在行走中学习，让市民亲身感受艺术文化和人文底蕴，深刻体会艺术与自然、历史的紧密联系，促进学中思、思中行、行中乐。这些体验与探索能够激发市民学习的兴趣和动力，促进邻里之间的学习互助和资源共享，提升学习的社会性和互动性，实现学习资源的共享和学习的可持续发展。

四、市民终身学习的服务队伍锻造

推进全民终身学习、建成学习型社会是实现中国式现代化的重要一环。终身教育支持服务队伍是联系社区民众融入终身学习平台的重要枢纽，营造了培育全民积极学习、随时随地可学的社会环境，承担着促进人的全面发展的重要使命。

推进全民终身学习首要任务是加强资源供给，这也是终身学习支持服务队伍的重要工作要求。越来越多的教师积极投身于服务市民终身学习的行动中，他们推进教学的方式越来越多样化，并积极采用线上线下相结合的方式教学以满足市民多样的学习需求，他们通常具备较高的教育背景和专业化水平，拥有丰富的专业知识和教学经验。此外，还需要将个性化教学作为教学创新的突破点，既能实现学员的密切互动，还可以提供个别指导和评估反馈以确保学习效果。

市民终身学习离不开一支优秀的管理团队，这支队伍是终身学习的“导航员”，他们在落实和促进市民终身学习过程中承担着提供政策支持、资源规划、鼓励合作等重要角色。以此为基础，鼓励教育机构、企业和社会组织进行合作为市民提供多样化的学习机会。管理者要鼓励更多教师参与各类培训以增强市民终身学习支持服务的能力，适应不断变化的终身学习需求。还要承担着对终身学习成果的监督和评估，以确保终身学习的质量和有效性。对市民终身学习提供管理与服务，不仅有助于提高全社会的知识水平和个体素养提升，更是推动社会可持续发展的关键。

在市民终身学习活动中，社区志愿者也发挥着积极的促进作用。他们可以为学习者提供更友好的学习环境和良好的互动平台，积极影响社会知识的传播和学习者个体的发展。根据终身学习志愿者服务地点和组织形式的不同，可以将志愿者划分为有组织的志愿者及自发从事志愿活动的志愿者。有组织的志愿者主要在教育机构或社会组织内部提供服务，协调相关组织加强终身学习管理；自发组织的志愿者一般是指校外或社会组织外部自发开展终身学习志愿支持服务活动，由独立的志愿者组织、社区团体或其他非政府组织进行组织和协调。

总体来说，为了适应社会需求和技能发展，市民终身学习支持队伍也在不断演进，为市民提供了个体知识不断丰富、专业技能不断提升的机会。面对不断变化的未来社会形势，市民终身学习支持服务队伍也需要深刻领悟政策要领，加强多元合作，以更好地推动市民终身学习的进一步深化。

（一）专业能力在知识熏陶中淬炼

服务队伍的专业能力是市民终身学习体系中的基石。为了不断提升队伍的专业素养，定期组织各类专业知识培训，涵盖教育心理学、课程设计与实施、学习资源整合与使用等多个方面。通过专家讲座、工作坊、案例分享等形式，使服务人员能够紧跟时代要求，掌握最新的教育理念和教学方法。通过邀请知名专家学者开展素养提升的专题讲座或培训，可以帮助包括志愿者在内的所有支持队伍人员熟练掌握线上教学工具，从而有效提升了线上学习的互动性和趣味性。这种持续的知识熏陶，不仅让支撑服务人员的能力得到了显著提升，还可以为市民提供更加专业、个性化的学习支持，有效激发市民终身学习的热情，引导市民主动参与到终身学习活动中。

（二）管理素养在组织协调中提升

良好的管理素养是服务队伍高效运作的保障。要培养服务队伍的组织协调力，可以通过模拟演练、项目管理培训等方式，增强支持团队的协作和危机应对能力。在各类市民终身学习活动中，服务队伍成员要做好明确分工，从活动策划、资源调配到现场执行，每个环节的紧密配合可以确保活动的顺利进行。此外，还要鼓励服务人员积极参与跨部门合作，通过实际工作中的沟通协调，不断提升自身的管理素养。这种在实践锻炼中获取的管理能力，使得服务队伍在面对复杂多变的学习需求和困境时，能够迅速响应、高效解决，为市民创造更加有序、和谐的学习环境。

（三）志愿精神在文明传承中弘扬

志愿精神是服务队伍不可或缺的精神支柱。要积极倡导并践行志愿服务理念，鼓励服务人员以志愿者的身份参与到各类公益活动中。在社区教育讲座、文化传承活动、社会公益行动等活动中，支持服务人员不仅要传递知识，更要传承爱心与责任，成为连接市民与社会的桥梁。通过组织开展各种主题公益活动，吸引市民积极参与，不仅可以让经典知识、传统技艺与人文情怀得到传承，也可以增强社区凝聚力。这种志愿精神在提升服务队伍社会形象的同时，更在潜移默化中影响市民综合素养提升，激发更多人参与到终身学习和志愿服务的行列中来，共同推动社会的文明与进步。

案例 4

推动社区学校专职教师职业生涯发展的宜川实践

● 加强学习，提高理论素养

除了个人学习，上海市普陀区宜川路街道社区学校的校内团队互助学习有着良好的氛围，他们会结合工作重心进行研讨交流，如在解答市民“为何要参与拆违、垃圾分类等社区治理的宣传活动”的质疑时，他们通过查阅资料、咨询专家，逐步掌握和完善了相关专业知识，为居民答疑解惑。同时，通过自身参与学习，该校两名专职教师先后获得了高级和中级专业技术职务晋升。可见，通过学习，教师与市民都会更加明晰自己的定位，明确自身的职业生涯发展方向。

● 参加培训，增强专业能力

普陀区级层面的终身教育机构邀请多领域专家、学者组织开展了面向区域专职教师的有针对性培训，涉及微课制作、终身教育发展规划解读、老年心理学、宣传沟通技巧、网络最新软件介绍等内容，大大拓宽了终身教育教师的视野，同时也增强了教师的各项专业能力。在回应"探索培育团队负责人核心领导力的方法"话题研讨中，教师们从只关注自己的学科向掌握社区教育活动主动权、主动带动社区学员、志愿者、居民开展各类终身教育活动转变。教师学会了主动融入社区，主动了解社区动态，在工作"需要我"之前就做好应对的准备和解决的方案。

● 勇于实践，创新工作方法

1. 以"社区特色文化"为抓手，丰富社区居民的生活品质

包括戏曲名师工作室、梁伟平淮剧工作室、陈学知合唱工作室、赵家花园菊花种植技艺、海派瓷刻艺术在内的五个项目不仅是宜川社区的文化特色，同时也是深受社区居民喜爱的项目。因此，教师们通过深入研究社区特色文化的发展进程，针对团队专业性不够、管理不足、师资不全等问题，发挥终身教育推进员等团队的作用，发动社区专业人士，并借助街道各部门的力量，探索了一条促进社区特色文化可持续发展的道路，从而促进戏曲和"非遗"项目的传承和发展。

2. 以"人文行走"项目为推手，深化社区教育课程建设的内涵

宜川路街道是一个老城区与现代化高档小区交织的社区，居民的包容性非常大。随着不同居民的多种学习需求不断提高，大多数前来参加终身教育课程学习的居民已经不能满足于课程固有的学习内容，而是想了解和探索课程背后的历史和内涵；许多参与了"人文行走"项目的居民，也不满足于简单的走一走、看一看，而是更希望了解"人文行走"的"之所以然"。社区学

校专职教师尝试着拓展了课程教学和“人文行走”项目之间的融合，利用人文行走项目的实践性、体验性、探究性的拓展学习方式，去填补终身教育课堂学习的空白，既能使“学的更生动、深入”，又能“行的更明白、有益”，激发市民终身学习的热情，又使终身学习课程开展得更深、更广、更有内涵。

3. 以“提高老年人生命质量”为主题，探索社区教育新思路

在“海派瓷刻”非遗文化的影响下，宜川社区学校迎来了越来越多的瓷刻爱好者前来参观学习，通过十几年的学习，很多学员已从新手发展成为了熟能生巧的老师傅。为了使老年人不仅“老有所学”，还能向“老有所为”迈进，学校培养了相对年轻的老年瓷刻教师 10 名，让他们再次绽放生命之花，利用自己在社区学校所学，为孙辈的孩子们上课，这种教学活动辐射到了周边学校的数百名学生。

4. 以“推进创建文明街镇”为契机，突出终身教育的重要性

面对街道(镇)所面临的“苏州河步道设施建设”“中远两湾城物业协调”“旧房改造”“拆除违建”等社区治理难题，该校通过终身教育网络中的团队、学习点、终身学习推进员协会等组织，将宣传工作、指导工作融入学习活动之中，使社区全员思想统一、行动一致，促使社区治理工作更加顺利开展，将各种潜在的矛盾与风险化解在萌芽阶段。

● 科研引领，发挥团队优势

普陀区域内先后成立了社区教育首席教师工作室、学科带头人工作室等教师专业发展团队。这些工作室的成立将区内各个社区学校的骨干教师组织起来构成研学共同体，由区域内的专家带领社区学校教师以科研为引领，共同开展社区教育、老年教育、终身教育等专项研究。破解市民终身学习过程中的各种难题，协力推进市民终身学习实践深化发展。

第五章

市民终身学习支持服务体系的实践困境

市民终身学习支持服务体系的探索已取得初步成效，但仍面临着一系列实践中的挑战与困境。机制建构的宽度尚需进一步拓宽，以确保政策的全面覆盖与灵活适应；资源整合的厚度亟待加强，以打破信息孤岛，实现资源的优化配置；服务方式的广度有待拓展，力求满足多元化、个性化的学习需求；队伍建设精度需不断强化。应对这些挑战，需要的不仅是勇气与决心，更需要智慧与策略，以共同构筑破局之道。

一、机制建构宽度有待完善

由于国家层面终身学习立法尚未确立，使得促进终身教育事业发展、服务全民终身学习的教育服务体系缺乏必要的法律保障。并且，人、财、物等全民终身学习支持服务资源还存在严重的条块分割现象，导致未能实现有效共建、充分共享，也未能得到最大化利用，没有发挥出其应有的社会教育与服务功能。

（一）组织协同

尽管各地政府高度重视对市民终身学习的管理和服务，但是依然存在一些不足和短板。具体包括:一是缺乏统筹协调机制。从推进市民终身学习的宏观视角来看,地方政府部门的资源整合力度不够,没有建立起一套强有力的统筹协调机制,导致政府部门之间相互掣肘,出现管理体制不顺、协调力度不够等问题。二是政府主导作用不明显。政府在管理和服务市民终身学习中处于主导地位,但是政府相关职能部门并没能发挥主导作用,导致市民终身学习支持服务存在一定的盲区。三是服务供给不充分、不平衡。虽然我国在教育公平方面取得了较大进展,但仍存在城乡教育发展不均衡、不同群体受教育机会不平等等问题。

虽然部分地区已组建了以"省(市)级统筹,县(区)为主,街道(镇)配合"为总框架的市民终身学习服务机制,但是在具体操作层面依然存在市民终身学习服务供给不充分、不平衡等问题,并且随着人口老龄化的加剧,问题将会更加突显。一方面,人口老龄化使得老年人口比例越来越大,老年人的学习与教育需求也会随之增大,而当前区域终身教育机构的数量和质量都很难满足老年人实际学习需求。另一方面,由于我国市场经济发展水平还不够高,终身学习市场供给总量还存在结构性失衡。随着我国经济社会的发展和人民生活水平的提高,人们对教育和培训的需求也不断提高。但从全国来看,终身教育机构仍然处于相对弱势地位,而且很多地区成人教育机构并没有得到充分利用,资源浪费和利用不足的现象比较明显。

地方政府部门的协调机制不够健全导致市民终身学习管理和支持服务机构之间缺乏沟通或沟通不畅,对终身学习理念与实践的宣传、支持力度不够、信息不对称等问题,在一定程度上滞缓了市民终身学习支持服务机制的建立。

从具体实践来看，虽然社区、学校和部分企事业单位都设立了专门的市民终身学习支持服务部门，但是其主要工作仍是对特定区域或特定群体提供的教育支持，而对广泛的市民个体学习需求、学习行为和学习效果的关注相对较少，也导致了部分市民对社区和学校等机构提供的支持服务不满意。此外，由于社会组织与终身学习管理机构的联系不是很紧密，导致其提供的市民终身学习服务与实际需求的距离较大。为此，各地政府部门之间应加强沟通协调，各相关社会组织应有效协同，积极落实国家推进市民终身学的相关政策。此外，政府部门之间还缺乏对市民终身学习活动的统一规划和统筹协调，在具体操作中还存在多头管理、分工不清、重复投资等问题，导致市民终身学习支持服务缺乏持续的动力和保障。因此，政府应明确自身定位，履行好公共服务职能，把终身学习支持服务纳入城市总体发展规划，构建政府主导、部门协作、社会参与的终身学习支持服务机制，形成更具活力、更具凝聚力的支持服务体系。

（二）推进保障

政府是市民终身学习服务的主体，在“政府主导、社会参与、资源共享”的终身学习服务机制中，政府应承担重要引导者的角色功能。而我国终身教育经费的投入长期不足，且经费投入形式单一，终身教育投入占国家财政性教育经费支出总额的比例过小。尽管《中国教育现代化 2035》提出了“激发社会力量参与教育的活力”，但在支持服务实践中，政府对发挥市场和社会力量参与终身学习支持服务的宣传和引导不够。未来的市民终身学习支持服务体系建设中，可以进一步强化政府的主导作用，加大对经费的投入力度，引导和鼓励社会力量积极参与市民终身学习支持服务。例如,可以通过设立专项基金、鼓励民间资本进入教育领域、政府购买服务等方式予以推进。地方政府应加大对终身学习服务平台建设的投入,保障相关经费划拨及时到位。还要加大对社区居民参与终身学习活动的资金支持,以提高和保障社区居民参与终身学习的积极性。在此基础上,引导社区居民根据自身实际情况选择不同类型、不同层次的终身学习项目,形成"政府支持、社区组织、市民参与"的全民学习的氛围。

我国已有部分省市建立了终身教育促进法规和条例,但不论是对市民终身学习服务主体的要约,还是对终身教育发展的保障力度,都还存在亟需完善和健全之处。从国家法律法规层面看,对成人教育与终身教育、社会培训等机构的管理没有形成法律上的约定,缺少统一规划和明确要求。政府相关部门对市民终身学习缺乏深入的认识,导致政府与教育机构、企业与社会组织等利益相关方在市民终身学习支持服务体系建设方面的沟通不足,缺乏有效的反馈机制,使得市民终身学习需求难以被政府及时了解和响应。为此,政府应制定相应的法律法规和政策文件,加强对终身学习支持服务体系的制度建设和管理落实,确保终身学习支持服务体系的健康发展。

(三) 服务供给

社会的发展使得人们的学习方式经历了从"听、读、写"到"读、写、算",再到现在的"信息化、数字化"的发展历程。传统的课堂教学模式主要以教师对学习者进行知识传授为主,学习者多是被动接受知识的灌输。这种教育模式下,学习者的主体地位得不到体现,学习者的主动性无法得到充分发挥。

随着市民终身学习需求日益增加,如何让市民在终身教育体系中受益，提升市民的生活质量，成为我国现阶段终身教育发展面临的重要问题。在我国的终身教育发展过程中，虽然各地都在不断加大对市民终身学习的支持服务推进，但与发达国家相比，我国市民终身学习支持服务体系建设仍存在很多不足之处，这不仅影响了市民终身学习的效率提升，同时也影响到市民自身的终身发展。为了完善市民终身学习支持服务体系，必须要明确终身教育资源建设的重要性。

从当前我国终身教育课程资源建设层面来看，很多终身教育机构不具备专业的教师队伍和管理人员，无法提供高质量的课程和学习资源。在推进市民终身学习支持服务过程中，应以社会需求为导向，建设有区域特色的课程资源体系。需要根据各地市民终身学习实际情况，结合学校（或相关终身教育机构）专业优势，开发具有地方特色的课程体系，加强学科建设、教材建设和教学团队建设等工作。同时，要推进学习资源建设，将图书馆、博物馆等公共文化服务设施向社区开放，为社区居民提供丰富多样的文化资源；要整合社区各类学习资源，加强对各种学习资源有效管理；要建立完善的学习资源评价机制、激励机制以及评价体系，确保市民对终身学习资源的满意度。

（四）评估监测

目前我国终身学习服务质量评估机制和体系尚未完全建立。各地区、各类型的学习服务平台在评估标准、评估内容上存在较大差异，缺乏全国统一的质量评估体系，部分评估可能过于关注硬件设施、课程数量等表面指标，而在教学质量、学习成果应用转化、学员满意度等实质性效果的评估相对不足。由于相关研究主要依赖于定量的数据收集和分析，而定性、深入的过程评估和结果评价相对较少,这可能导致难以全面准确地反映出学习服务的质量。评估结果向服务提供方和政策制定者的反馈机制尚待健全,且根据评估结果进行调整和优化过程中的闭环管理不够。部分地区静态质量评估现象明显,未能实现对终身学习服务质量的动态、连续跟踪和监督。评估没能关注到终身学习者的个性化需求,没有充分考虑不同年龄、职业、教育背景的市民在学习需求和体验上的差异。部分评估未能紧扣经济社会发展需求,对新技能、新技术教育培训及质量评估相对滞后。

近年来,社会的快速发展使得知识更新迭代的速度越来越快。为了满足市民顺应社会发展的终身学习需求,各地区纷纷开展了一系列终身学习项目,而监测这些终身学习项目的效果,了解市民终身学习需求和质量反馈成为亟待解决的问题。建立以市民需求为核心的区域终身学习和市民终身学习支持服务的效果监测系统,完善终身学习监测反馈机制,可以实现以下目的:一是了解市民的终身学习需求,为地区教育部门提供决策参考;二是监测终身学习项目的实施效果,及时调整和改进项目;三是提高市民的学习积极性和学习效果,促进市民终身学习与成长。市民终身学习效果的监测系统需要从市民需求反馈平台建设、终身学习项目效果监测、终身学习项目归档等方面入手,从而实现以更好地了解市民终身学习需求为基础,促进终身学习实践深化,推动地区经济社会发展。

终身学习是一个长期的过程,需要不断地对学习效果进行监测和评估。由于地区之间的差异性,各地区的终身学习项目的特点和重点也不尽相同。以往的评估多为政府主导,区域内缺乏对终身学习效果的科学监测。因此,需要构建具有区域特色的终身学习效果监测指标体系,建立相应的监督管理机制,提高终身学习支持服务质量。以提升市民职业技能为例，可以采用“技能等级+学分”的方式进行考核，将不同等级的学分纳入个人非学历教育学分体系。可以采用第三方评价机构与政府相关部门合作的方式对职业技能证书进行客观评价。

（五）教育管理

我国的终身教育体系尚缺乏明晰的教育内容与教学评价标准，管理的统一性还相对缺失。首先，市民终身学习支持服务体系缺乏明晰的督导内容。在大多数情况下，地方政府将教学成果作为终身教育与终身学习体系的考核指标，没有更多地关注终身学习过程。其次，缺乏明晰的评价指标以指导终身学习支持服务体系建设。当前的评价体系没有对学习者的兴趣爱好、性格特点等方面予以充分考虑，导致终身教育管理部门无法依据评价结果指导终身学习支持服务体系建设。再者，社会对终身教育的重要性认识不足。尽管终身教育理念已被广泛提及，但社会各界对其重要性的认识仍不够深入，很多人仍然将教育实践局限于传统的学校教育阶段，忽视了终身教育在个体成长和社会发展中的重要作用。

终身教育涉及多个部门和领域，需要建立跨部门、跨领域的协调机制。然而，当前的管理体制依然存在条块分割、各自为政的问题，导致资源无法有效整合与利用。虽然国家已经明确提出要建立和完善终身教育体系，但在实际操作中，缺乏专门的终身教育管理机构负责统一规划和管理。这导致终身教育的发展缺乏有力的组织保障。

由于政策法规和管理体制的不完善，导致终身教育资源分配存在不均衡的问题。部分地区和领域获得了较多的资源支持,而另一些地区和领域则相对匮乏。即使在一些资源相对丰富的地区,也存在资源利用效率低的问题。缺乏科学的规划和健全的管理导致了终身教育资源无法充分发挥其应有的价值与效能。

二、资源整合厚度有待加强

时代的快速发展使得资源整合已成为推动各领域进步的关键力量。然而,人们不难发现,市民终身学习资源整合的厚度仍有待加强。从资源汇聚的充足性,到内涵挖掘的全面性,再到资源拓展的深入度,以及数字优势的充裕性,都存在着不容忽视的短板。这些不足不仅影响了资源的有效利用,也制约了整体发展步伐。

(一) 资源汇聚不充足

市民终身学习的服务资源涉及很多方面,作为社会文化发展软实力的各类场馆资源也是市民终身学习的重要场所和保障。一些发达国家都以城市图书馆、博物馆等场馆建设比例作为衡量区域文化、城市文明程度以及公益事业发展的关键考量指标。

近年来,我国也普遍重视了城市文化场馆建设,上海市各区都设立了街道(镇)文化活动中心,还有市级、区级及专项文化场馆等,这些场馆种类多样、内容丰富。而各类场馆的市民学习利用率、覆盖率、满意度等方面更值得关注。

以"人文行走为例":第一,学习需求调研不充分。尽管各类场馆资源已开发得丰富多彩,并以"人文行走"的方式发展为"城市漫步(City Walk)”等具有城市温度的市民游学项目，但设计开发人文行走路线之前，对各年龄段市民群体的学习需求预调研工作却相对滞后，甚至缺乏需求调研环节，这样就会使得市民参与率大打折扣。第二，“人文行走”资源不完善。不仅新的人文学习点形态仍有待丰富，学习点开放时间也值得商榷。目前的学习点开放时间多为工作日白天，工作日晚间或周末不开放的现象使得职场人士及相关人群没能得以有效兼顾，导致人文行走的学习资源无法被充分利用。从“人文行走”路线设计来看，目前的学习点路线无法满足不同人群的学习需求，缺乏科普性、科技性、科创性等人文学习的适配路线和内容；部分学习点的市民终身学习配合度以及服务能力也有待增强，可能会导致“人文行走”学习资源扩展程度与传播辐射程度的降低。尽管“人文行走”路线上的学习点和场馆需要兼顾社会效益与市场效应，然而，合理平衡学习者、企业、场馆等各方利益，实现互利共生才能持续推进人文行走的资源供给形式。同样，实施“人文行走”学习项目在服务市民终身学习、创新市民学习方式的同时，还要推动规模运行，以及与教育综合改革项目有效配套。要吸引更多社区居民积极参与“人文行走”资源学习，就需要对现有学习点的资源和内容进行重新建构，突破各区自行确立的“人文行走”学习的物理空间限制，以突出人文性和体验性等特点。对全市各“人文行走”学习资源进行有机整合，使社区居民感到学有兴趣、学有收获、学有价值，才能推动“人文行走”学习项目得以广泛传播、自主发展。此外，“人文行走”学习中还存在组织学习与自主学习不均衡的现象。目前的“人文行走”学习活动多以社区建立或开发的依托教育联合体、居委学习点、团委、妇联、工会等联合组织为主，社区居民自发、自主学习活动案例不多。市民终身学习的主动性不强则被动性就会愈加明显,因此要增强宣传力度、增加“人文行走”路线的人文性和体验性,培养市民的终身学习文化习得。第三,“人文行走”志愿者素养层次不齐。“人文行走”的资源要丰富出彩,设计路线要有人文内涵,同样讲解者也要提升素养,尤其是讲解员和志愿者队伍专业化水平不高的现象依然存在。对于志愿者而言,不仅要有无私奉献精神,还要能熟知地域文化、故事传说,能绘声绘色地引领学习者挖掘地域历史、文化价值,让市民在学习中提升人文素养,这就需要提升志愿者的综合素养。各地政府还应出台支持政策或施行减免费税等优惠举措,在各方权益得以保障的前提下,迭代开发和优化“人文行走”资源,提高市民终身学习的社会接受度。

(二) 内涵挖掘不全面

由于终身学习资源建设是以大教育观为指导思想,涵盖领域与纵深程度较为广泛,因此,终身学习资源的内涵挖掘也是重要的实践挑战。其一,数字化资源供给水平需提高。作为数字化资源的重要形式之一的微课程建设,目前所包含的类别和内容不够全面。由于社区教育专兼职教师的专业大多集中于生活技艺、文学艺术、医疗保健、家庭理财等方面,使得各地所开发的微课类型和内容的同质化程度高、区域资源互补的局限性大。根据《全国社区教育优秀微课程评选参考选题方向》的分类,很多地区在公民意识、安全教育、科学素养、实用技能等方面依然处于空白状态。其二,微课程建设的形式和内容应系统化。微课的碎片化学习所指的仅是时间而非内容的碎片化,单节微课很难做到知识输出的系统化。因此,需要提升系列化微课制作要求,加强终身教育教师微课程开发水平及设计能力。其三,需整合各类终身教育资源。不同区域社区学院与社区学校在开发微课程资源过程中，重复开发、交叉开发的现象比较严重，既是对教育资源的浪费，更是对市民多样化学习需求的懈怠。

另外，市民终身学习资源的实践操作水平有待提升。尽管各地所开发的社区学习坊的内涵仍属于终身学习范畴，但是其外延则是介于课程培训与教育工作坊之间的，二者的本质差异和关联还需要做深入探究。不同类型的学习坊的内涵界定不清晰会导致市民终身学习的方向产生偏差，有些社区学习坊是综合性的，而有些社区学习坊仅关注某个单方面的文化或技艺的传播和推广。由此，对不同类别社区学习坊的建设，既需要加大其操作层面的实践性宣传，还需要延展其不同的内涵特征，从而更好地发挥社区工作坊在市民终身学习实践中的教育引导作用，鼓励学习者“在做中学”，更好地提升市民多样化终身学习能力。

(三) 资源拓展不深入

终身教育在开展品牌建设时，要通过加强宣传力度创设活动影响，提高市民参与终身学习的热情，尤其是调动目标人群的参与积极性。区域层面对终身教育与终身学习品牌项目的开发意识依然不强，终身教育教师也缺少品牌培育意识。从事终身教育的专职教师和管理人员事务繁多，应对各种事务和检查评比，形成了以完成任务为中心的工作思维，而忽视了学习品牌再造和拓展的意识。同时，相关经费投入不足，缺乏专业人才支撑。学习品牌建设筹资渠道较为狭窄，经费来源也比较单一，在一定程度上陷入了品牌建设后续乏力的窘境。资源拓展不深入主要涉及以下三个方面的原因。

从形式上来看是缺乏有效的协调。在终身学习的推进过程中,需要政府、企业、社会组织和个人等多元主体的参与和合作。但当前缺乏有效的协调机制,导致各个主体之间的合作和交流不够顺畅,无法形成合力。跨界合作的缺失主要体现在学校、社会教育和家庭教育之间缺乏有效的跨界合作机制,以致合作共建的意识和机制以及终身学习服务的融合发展受阻,很大的原因是信息沟通渠道有限,不同教育主体之间信息闭塞,难以实现信息共享和资源整合,导致服务供给的重复和碎片化,限制了终身学习服务的融合发展。由于信息沟通渠道不畅,信息交流和共享也会受到限制,给推进工作增加了困难。

从内容上来看是资源整合不足。终身学习需要各种教育资源的支持,包括学校、培训机构、社区等。但由于目前这些资源分散,整合不足,无法形成完整的学习网络,影响了终身学习的效果和质量。最直接的表现是资源配置不均衡,具体呈现为教育主体间的资源丰富与贫瘠的矛盾,影响了服务的整体效果。在如今的社会,资源碎片化现象非常严重,网络上存在着各种各样的学习资源,然而值得警醒的是,这些资源分散且碎片化,非常难以形成统一的整合和利用体系,还会出现资源重复建设的现象,不仅浪费了资源,造成支持服务的重复和冗余,还可能会导致其他大量优质资源长期处于闲置状态,不能发挥应有的作用,影响了终身学习支持服务的效率和质量。

从本质上来看是制度建设滞后。终身学习的推进需要相应的法律法规和制度保障。但目前相关制度建设的滞后导致了终身学习的推进和管理不够规范,无法保障终身学习的权益和发展。缺乏统一规划和制度建设,在服务内容、标准、评估等方面存在较大差异,难以形成终身学习支持服务的整体性和协同性,影响了多方合力推动终身学习支持服务体系的建设与发展。具体来看，政策法规的不完善直接导致了终身学习服务在政策引导和保障方面的薄弱和缺失，难以形成良好的发展环境。同时，终身学习支持服务的评估机制尚未健全。由于缺乏科学有效的评估标准和方法，使得市民终身学习质量无法得到有效监管和提升，也导致了终身学习支持服务水平良莠不齐。

以上困境需要建立完善的规划和制度体系，加强相关部门之间的协作与沟通，优化资源配置，健全评估机制，强化管理体系，从而推动终身学习支持服务的规范化、科学化和可持续发展。在此过程中，政府应该发挥主导作用，制定相关政策和标准，通过整合各类教育资源，建立健全优质终身学习网络，加强制度建设和创新，优化资源配置，形成各类资源相互沟通和衔接的终身学习支持服务体系，搭建终身学习"立交桥"，畅通终身学习通道，更好地完善和提供个性化学习条件。

(四) 数字优势不充裕

不同教育形态的公共服务平台的各自为政现象使得相互间信息不互通、资源未共享、成果不互认等弊端突显，学习者在使用数字化学习平台过程中会遇到使用不便、服务不周、质量不高等诸多问题。一些为市民终身学习提供服务的学习平台往往存在彼此独立与分割情况，平台的教育服务只提供给自己的注册用户。在开展教育活动时仅依靠平台自身力量，不同的终身学习服务平台没有链接到一起，支持服务体系内部信息和资源交互渠道不通畅，导致终身学习成果难以得到一致认同，终身学习服务质量也无法得到保障。

第一，技术融合不深入。虽然数字技术为终身学习提供了新的可能，但在实际应用中，技术与教育的深度融合还不够深入。很多学习平台、学习工具和技术终端只是简单的信息堆砌，未能形成有机整体，无法充分发挥其整体优势。

第二，政策支持与保障不足。虽然政府已经出台了一系列支持终身教育数字化发展的政策，但在具体实施过程中，政策支持的力度和效果还有待加强。一些政策在执行过程中存在落实不到位、执行不全面等问题。数字化转型与高质量发展需要完善的保障机制来支撑，包括资金投入、人才培养、技术研发等方面。但目前市民终身学习支持服务保障机制还不够完善，制约了数字化的进一步发展。

第三，学习者数字素养有待提高。部分学习者在数字化环境中存在数字素养不足的问题，信息筛选能力、自主学习能力等有待提高。这些都限制了他们充分利用数字化资源进行终身学习的能力。一些学习者习惯了传统的学习方式和节奏，对于数字化学习缺乏足够的认识和兴趣，也在一定程度上影响了数字化终身教育优势的发挥。

第四，数字化转型效果不佳。市民终身学习数字化转型慢的原因是多方面的，涉及技术、观念、资源、安全、战略、人才和执行力等方面的问题。首先，缺乏明确的战略规划与顶层设计。从转型的方向来看，在数字化转型过程中，由于缺乏统一的战略规划和顶层设计，数字化技术的认识与资源投入不足，导致数字化转型的进程缓慢，各个相关部门和机构在数字化转型的方向、目标、路径等方面存在较大的认知差异。从转型目标上来看，由于缺乏明确目标，各部门和机构往往难以凝聚共识。从管理体系转型来看，缺乏健全的管理体系，使得数字化转型的推进受到一定的制约，导致进程相对缓慢。其次，教学与管理人员的数字化能力不足。教师的数字化能力不足，尤其是缺乏数字化教学的技能会严重影响市民终身学习数字化转型的进程，影响学习者数字素养与数字学习能力提升。技术应用滞后也会影响学习资源的整合和优化，降低学习效果体验。对于教学实践而言，从问题的源头来看，很多教学管理人员往往没有接受过系统的数字化技能培训，或者在培训过程当中捕获有效信息的能力不足，导致因无法有效使用数字工具和平台而感到困惑；从技术的运用来看，在具体的教学和管理过程中，还存在应用数字化技术时的操作技能问题，也会大大影响数字化教学的效果；从教学的结果来看，由于未能获取有效数字化运用的信息，也未能从实践运用层面加以强化，很多教师对有效整合和应用数字技术的思路不清晰。另外，数字化转型还需要与外部合作伙伴加强沟通与联系，而学校与相关终身教育机构还缺乏有效互动和彼此支持。为加速推进数字化转型，所有相关机构和人员需要全面审视自身存在的问题和不足，并采取有效的措施加以改进和提升。

三、服务拓展广度有待增强

在终身学习高质量发展的道路上，除了上述困境之外，还会面临服务方式广度亟待拓展的挑战。从需求引领的浅显，服务主体的局限，到特色项目的匮乏，联动推进的松散，再到氛围营造的不足，每一环节都影响着服务品质与效率。

（一）需求引领不深入

终身学习是个人和社会发展的必要条件，但当前社会对其需求和价值认识还比较模糊，导致终身学习服务供给与需求存在一定差距，知识门类相对局限，学习资源还不够丰富，面向不同学习者的个性化学习支持服务也不到位，服务提供方往往采取“一刀切”的方式，未能根据个体的兴趣、能力、背景等因素提供差异化的支持服务。如高校专业设置和课程安排与区域经济、产业结构、人才需求匹配度不高。产业是高质量发展的顶梁柱，也是区域经济核心竞争力的硬支撑。但对应区域科技金融、智能软件等高精尖产业，学校的办学条件与师资力量往往很难开发相关专业与培训课程；支持服务反馈机制方面也有所缺失，易导致市民的学习需求和反馈意见难以被了解，更难对服务内容和方式进行及时调整和优化。

由于区域经济和产业结构处于不断发展变化中，特别是随着新技术、新产业的不断涌现，更需要新兴专业紧缺人才予以支持，需要持续挖掘和培育其他紧贴社会民生、经济发展与社会服务的专业与课程资源。当前，很多学校紧贴社会需求的专业设置局限性明显，学校专业设置调整滞后，往往不能及时紧跟社会经济的变化，导致专业课程与区域经济发展需求的匹配度不高。很多学校与区域经济体的沟通不畅，缺乏有效的校企合作机制，对彼此的需求和变化了解不足，课程教学与实际岗位之间对知识和技能的理解存在差距，影响其适应区域经济发展需求。另外，部分终身教育服务仅关注了供给方的资源和能力，导致所开设的专业教育与市民的实际需求脱节，以至于引领市民学习需求的程度不强。

（二）服务主体不全面

当今社会正处于终身学习时代，学习者的身份更加多样，学习需求更加多变，使得教育机构的服务性特质更加突显，而现实中的终身学习支持服务依然存在单一性和范式化特点。一方面,企业和社会组织的参与不够。企业可以提供实践机会和培训课程,社会组织可以开展公益性学习活动,都可以在市民终身学习中扮演着重要的角色。而企业与社会组织的参与度不高导致了教育资源的供给不足,社会教育资源和服务的聚合度就相对薄弱,社会教育系统在终身学习中的角色和贡献相对较少,使得市民终身学习内容与市场需求脱节,无法满足不同人群的个性化需求。同时,个体学习的自主性和创造性未受到重视。传统的学校教育强调专业规范与课程标准,导致学习内容的灌输式和标准化现象明显,而现有的教育服务联合体多为松散的状态,辐射面、影响力都相对不高,都在一定程度上限制了个体的学习自主性和思维创造力。为了解决服务主体相对单一的问题,需要创新终身学习支持服务机制,鼓励多元主体参与终身教育,加强企事业单位、社会组织和个人在终身学习中的角色担当和作用发挥。同时,还需要借助数字技术的优势,创新学习方式和服务模式,为终身学习注入新的活力。另外,作为终身学习重要支持力量的家庭教育服务体系尚未完全建立,使得市民在家庭教育方面的学习需求得不到充分满足,间接导致家庭支持力度的不足。不同教育服务主体之间缺乏有效的跨界合作机制,学校、社会和家庭教育系统之间的资源共享和协同配合不足,使得终身学习支持服务体系的整体性和协同性不够,影响了终身学习支持服务的全面发展和提升。

(三) 特色项目不丰富

当前,市民终身学习支持服务体系中的特色服务项目相对有限,难以满足市民日益增长的学习需求,而且这些项目通常集中在大部分热门领域,而对于一些小众或新兴领域的学习需求关注不足,会出现“冷饭热炒”的现象。另外,特色服务项目的创新性、实用性及个性化程度也不够,难以充分激发市民的终身学习兴趣和积极性。由于调研不充分、设计不全面,导致项目设计与市民学习需求脱节,难以吸引市民参与。

终身教育涉及社会各个方面,树立党建引领的工作思路,发挥党组织对社会服务的组织、示范、凝聚作用,促进对社会资源、市场资源的整合也显得尤为重要。与社区共建党建邻里服务除了聚焦当地特色文化等主题实践活动,还要多形式、多领域、多角度开展红色研学活动、红色故事宣讲、非遗文化传承等多样化的社会服务。目前,市民终身学习特色品牌建设还存在许多发展瓶颈,整体规划不健全、策划能力不充分、诊断改进跟不上、品牌建设难持续等都给市民终身学习品牌建设带来了困惑,在一定程度上制约了市民终身学习特色品牌的深化发展。

(四)联动推进不紧密

家庭是个体成长的摇篮,也是个体最基础的教育场所。在人的终身学习中,家庭起到了基础性的作用,是形成价值观和道德观念的主要来源,也是学习社会交往和人际沟通的重要场所。家庭在个体学习中应扮演至关重要的角色,然而当前家庭教育相较于学校及社会组织的支持相对不足。

在家庭中,父母鼓励孩子追求知识,保持对学习的热情和好奇心,可以培养孩子的自主学习能力。但是,由于很多家庭缺乏对孩子终身学习力的重视和培养,无法有效地促进家庭成员的学习动力和兴趣,导致终身学习服务与家庭教育之间的联动效应较弱。当前虽然很多区域已建立了家社校协同平台,但相关工作还有待进一步推进。一方面，家庭、社区和学校之间未建立良好的沟通机制，导致信息传递不畅，无法实现资源的有效整合，家庭、社区和学校之间缺乏合作意愿，各自为政，没有形成合力，导致教育效果不佳；另一方面，许多社区学习资源相对有限，无法满足市民多样化的学习需求。

虽然有些家庭、社区和学校之间有联动活动，但往往流于形式，缺乏实质性的合作内容，无法满足学生的实际需求，造成学校与社区之间的联系紧密度较弱，学校与社区学习服务之间缺乏有效的衔接和互动。增强家社校联动效应，还要解决信息沟通渠道不畅的问题，避免造成家庭无法及时了解社区和学校提供的学习资源和服务，社区和学校也无法有效了解家庭的学习需求和反馈意见等现象。这就需要建立良好的沟通机制，增强合作意愿，制定实质性的合作内容，并建立有效的评价机制。只有家庭、社区和学校之间形成合力，才能更好地满足市民的学习需求，提高教育质量。

（五）氛围营造不到位

社会氛围营造不够，对终身学习的内涵、外延界定不明、定位不清，致使终身学习理念未能深入人心、终身学习概念在民众中并没有得到普及，使得终身学习对全社会的渗透力和影响力不大，全民对终身学习的认知度和认同度不高。另外，全民参与终身学习的社会氛围不浓厚，先进典型人物事迹宣传不到位，未能充分发挥应有的引领示范作用。

实现“及时、有效、便捷的终身学习成果认定、积累与转换”的学分银行建设的实质性进展相对迟缓和各地实施举措不明确，无法有效激发学习者的内生动力、无法充分调动学习者的积极性、无法有效注入全民终身学习的持久力。缺少科学有效的评价指标体系，使得支持服务全民终身学习成为各级人民政府教育行政部门的“可选项”，而不是“必选项”。

四、队伍建设精度有待强化

队伍建设是事业发展的基石，是市民终身学习推进的有效动力，然而当前队伍建设精度尚需进一步强化。从专业能力的提升到管理素养的增进，从志愿精神的强化到社会认同的深化，都是确保支持队伍整体素质提升的关键。需以更加精准的设计和更有力的举措全面提升支持队伍能力，激发其内在潜力，共同推动市民终身学习高质量开展。

（一）专业能力有待提升

市民终身学习的质量提升离不开教师队伍的支持服务和引领，而教师专业素养不高也在一定程度上阻碍了市民终身学习实践开展。目前，教师专业发展的瓶颈主要集中在以下几个方面。

第一，体现在时代变革与知识更新速度上。由于终身教育教师所面对的是有一定社会阅历的学习者群体，他们对于知识和技能的需求存在个体差异性。然而，在快速变化的社会环境中，终身教育教师的整体素质也参差不齐，整体专业化程度不高，在实际的终身教育教学工作中，很难真正满足市民终身学习需求。因此，专业知识与技能更新速度加快成为终身教育教师专业发展的重要瓶颈。现代社会知识的快速更新，使得终身教育教师必须持续提升自身的知识储备、增强自身的专业开发能力、拓宽自身的专业教学能力。

第二，体现在再教育资源的限制上。尽管市民的终身学习意识逐渐提高，终身教育工作者也希望实施与社会进步及市民需求紧密相连的教育。但是，在实际操作中，由于教育资源的限制，包括培训课程的不足、教育经费的紧张、优质教育资源的不均衡等原因，很多教师无法获得足够的培训资源和机会，使得教师自身的专业发展受限。

第三，体现在专业发展与实践需求脱节上。尽管很多教师都接受过高等教育，但多数教师缺乏终身教育与终身学习相关理论指导，他们所掌握的专业知识远远不能适应终身教育发展的需要。他们的教学方式仍停留在课本和文字研究上，缺少在相关专业的岗位锻炼与社会实践。他们在给具有社会阅历和从业经验的成人学生教学时，很难适应这些学生的社会学习诉求，很难为成人学生提供解决工作和生活难题的策略。对于终身教育教师而言，为更好地顺应新时代背景下市民终身学习需求，需要不断加强包括教学能力、创新能力、科研能力、团队协作等自身综合素养的提升。

面对市民多样性的学习需求，终身教育教师教学能力方面的问题主要体现在以下方面。

第一，数据工具的灵活应用方面。现今大数据科技的发展、教育形式的转变、教育工具的更新不仅要求教师积极关注自身的专业素质，还应具备现代远程教学的思维，通过有效利用现代网络技术顺应市民终身学习对终身教育教师的素质要求。但是，部分教师对网络技术操作不熟悉，对数据科技不了解，在具体教学实践中很难适应现代网络技术教学要求，无法运用现代智能化教学手段满足市民多样化的学习需求。

第二,现代教学方法的优化方面。终身教育的学习者群体往往存在年龄跨度大的现象,这要求终身教育教师必须秉持有教无类的原则进行教学,对不同的学生群体,尤其对老年学员需要制定适合他们学习特点的教学方法。由于老年人的学习能力和思维方式各有不同,更需要终身教育教师根据学习者差异做好教学设计。当前,社区教育师资队伍建设存在着"师资供给不足、师资服务能力不均衡"①等现象,老年教学要以满足课堂学习需求、提高老年人课堂收获感为前提,所以,终身教育教师的综合素养应该更高,既要满足课堂教学和学习需要,还要能与学习者产生情感共鸣。

第三,课堂驾驭能力的提高方面。在终身教育的课堂上,教师需要具备针对不同学习者施教的策略,并与学习者丰富的生活经历和成熟的思维意识保持同步,以解决学习者实际学习和生活困境。然而,部分终身教育教师面对这些群体时,可能很难形成针对不同学习者的不同教学策略,会因缺乏跨学科和生活实践知识而导致教学效果不佳。

第四,课堂教学的交流互动方面。传统的教学多以课堂讲授为主,往往忽略师生互动和生生互动,缺乏学生参与的课堂教学会导致个性化和差异化教学难以实现。缺少根据学习者的不同学习风格、学习节奏和学习需求的创新思维能力,会使得教师预设的教学内容和教学方式很难达到预期效果。

第五,课程思政的有效融入方面。教师的工作职责在于培养社会发展所需要的人,对于终身教育教师也不例外。因此,将

---

① 蒋中华,国卉男.社区教育师资队伍建设现状及优化建议[J].当代职业教育,2021(05).

思政元素灵活融入课堂教学已经成为考察教师教学能力与教学效果的重要指标。对于将思政元素融入课程教学的要求，部分教师在理解思政元素方面还是略显薄弱的，不会将知识传授与思政教育巧妙融合，或者为了完成思政教育要求而脱离了专业课程的教学，使得思政教育与专业教学相脱节。另外，随着线上教学与线下教学融合发展已成为当前教育模式变革的重要结合点，组织学习者开展和体验浸润式思政教育，将所开展的思政教育项目与不同年龄学习者的实际情况相结合，需要教师根据不同学科、不同专业的特点和教学目标，探索课程特有的思维方式和价值理念，深入挖掘课程内在的思政教育元素，与现有课程融合教学。这些都对终身教育教师提出了挑战。

终身教育教师综合素养提升方面存在的问题主要表现在终身教育教师学科交叉和综合素质教育能力不足等方面。终身教育的学科交叉和综合素质教育要求终身教育教师具备多学科知识和能力，以及跨学科、跨领域的综合素质教育能力。然而，部分终身教育教师缺乏相关的知识和能力，无法胜任综合素质教育的工作，这对于学习者的全面发展和个体能力的提升都是一种制约，不仅影响了学习者的学习效果和体验，也会影响终身教育教师的内心感受和综合形象。

终身教育教师课程教学创新能力优化方面的问题集中表现在教学创新意识不强和创新能力不足等方面。由于市民终身学习的热情日益高涨，越来越多的老师也希望能融入社区教育和终身教育课堂。但是根据多所学校的教学统计，尽管教师们会精心设计自己的课程供市民选修，但总有部分课程由于报名人数过少而无法开班。反观他们设计的课程内容，如果从一般的教育实践视角来看应该颇具吸引力了，但是却无法得到社区居民的青睐和接受。所以，在进行课程开发时，需注重学习需求调研和教学环境分析，了解终身教育教学对象的真正需要和感兴趣的课程内容，缩小课程开发人员的课程开发思维和市民需求之间的差距。教师也需要根据自身特长和专业特点对所开设的课程进行优化，在充分发挥自身优势的前提下，开设出最适合居民终身学习的课程。

教师科研能力优化方面的问题主要表现在如何紧扣和满足市民终身学习需求等方面。对于终身教育教师来说，传统的班级授课式教学模式已很难满足市民日益增长的终身学习需求了。无论专职教师还是兼职教师，需要认真关注学校及区域终身教育发展的研究主题。

第一，精力投入不平衡。授课教师往往会将大部分精力投入教学设计中，力求为市民呈现更优、更新、更有吸引力的精品课程，而忽略了教育科研。

第二，科研激励不充分。对于缺乏完善的科研管理与激励机制的学校，教师融入科研的意识与行动往往偏弱。

第三，科研实践不全面。部分教师缺乏对教育研究的实践性操作能力，更多依赖于他人的研究资料或人工智能的辅助，使得文章缺乏针对性与创新性。

教师团队协作能力提升方面的问题主要表现为教师之间的凝聚力和协同性不强等方面。近年来，随着终身教育涉及的领域不断扩大，教学对象的人数规模与人员结构不断增加，学员对自身终身学习的需求越来越多样化。而大部分教师都把主要精力投放在自身专长的课程上，力求将自己所教的课程做得最好，因而往往缺乏教学团队间的合作，很难实现不同教师间的课程交融，这就需要构建一支稳定且高效能的教学团队。对于终身教育教师来说，不仅要在自身课程设计和教学创新方面下功夫，还要在团队凝聚力和协同性方面多努力。优秀的团队会塑造更强大的教师阵容，团队成员的课程设计会更精准、内容更丰富、教学更精彩，而且凝聚力大、合作意识强的教师团队更能塑造出倍受欢迎的终身教育教师良好形象。

（二）管理素养有待增进

终身教育实践的积极推进离不开规范管理。从终身教育的管理实际来看，管理者对市民终身学习支持服务体系的评价还存在不完善之处。

第一，评价指标体系不全面。对市民终身学习支持服务的评价多采用“参与率”“满意度”“推荐率”等评价指标，而这些指标受服务对象的主观因素影响较大。在市民终身学习支持服务工作的实际评价中，“满意度”指标的评价结果的可信度有待验证，“推荐率”等指标往往因缺乏客观依据而显得引用价值不大。

第二，评价考核方法单一。对市民终身学习支持服务的考核多采用个人自评、单位评估、专家评审等方式进行，但是在具体的实践操作中，由于市民终身学习支持服务工作具有复杂性、多样性和流动性等特点，仅仅采用上述评估考核方法的局限性还是很明显的。

第三，对教学过程关注度不高。现行的教师评价往往过多关注于对教学成果的考核，对终身教育教师的考核标准设定不应仅仅停留在相关教学成果上。如果忽视了他们在促进自身专业发展和市民终身学习方面的努力，可能会导致教师丧失对持续推进市民终身学习发展的信心和动力，也会影响他们在终身教育领域的专业成长。

从课程管理的角度来看，终身教育管理者会忽视对各课程进行分门别类的设计安排。社区学习者所具有的丰富的生活经历使得他们的学习需求各不相同，因此，针对不同需求对相关课程进行分类设计、分类教学显得尤为重要。

第一，不同领域的课程涉及的知识和技能差异较大。文学类课程培养的是学生的阅读和分析能力，音乐类课程培训的是学生的练习和表现能力，绘画类课程培养的是学生的创作与展现能力。不同的课程需要不同的课程资源、教学设计和教学方法予以支持。

第二，分门别类的课程设计有助于提供个性化的学习体验。通过选择不同类别的课程，学习者可以更好地参与到学习中，获得更有意义的学习体验。

第三，分类教学设计有助于提高教学效果和满意度。通过将课程分门别类进行设计，教师可以更加专注特定领域的教学内容和教学方法，从而提高课程教学质量。在具体的终身教育管理实践中，忽视不同课程的分门别类设计易导致学习者个性化需求得不到满足、学生学习动力和参与度不高、课程教学效果不理想、教学评估和反馈不真实、教师专业发展受阻碍等问题产生。

从教学资源分配的角度来看，终身教育管理者对教学资源的分配还有待进一步调整。由于终身教育涉及的领域较广，终身教育实践中会出现师资力量不足、师资结构不均衡等现象，市民终身学习诉求和教师专业技能提供之间的匹配度问题依然存在，所以在推进终身教育管理过程中，需要科学合理分配教学资源以提高教学质量和效率。同样，由于市民终身学习诉求存在多样性，终身教育教师招聘缺乏针对性的现象还是比较明显的，主要表现在对教师专业背景、教学经验、兴趣和专长匹配度以及反馈评估机制不健全等方面。

从全局管理的角度来看，终身教育管理者对教育实践的全局把控和对管理制度的有效落实等方面还有待提升。以社区教育和老年教育为主体的终身教育作为我国教育体系中的重要组成部分，一直以来都在为社会发展培养各类城市建设者，为国家的发展做出了积极贡献。然而，社会发展使得终身教育正从学历教育“人才培养”逐步转型至终身教育“人的培养”，在转型过程中会使得人们对终身教育的理解和界定处于相对模糊不清的状态。以适合教育引领终身教育发展，推进终身教育实践的全面管理，做好相关工作的部署与协调，是适合教育对终身教育发展的重点关切。从全局把控来看，终身教育管理者需要加强对教育宏观环境做综合分析，要强化规范性和灵活性有机结合。由于终身学习者群体相对复杂，涉及各行各业从业人员，在进行全局管理过程中应充分考虑学习者的实际需求，避免出现“一刀切”现象。从制度完善来看，当前，终身教育的学习者涉及各年龄段、各领域、各行业，但部分终身教育机构在管理制度设计上仍然存在固化和僵化的现象，无法满足学习者多样化、个性化的需求。这就需要终身教育管理者亟需创新和优化现有管理制度，在制度设计上充分发挥创新精神，使之更具有针对性和可操作性，并进一步提高管理过程的科学性。

从服务意识的角度来看，终身教育管理者的服务意识还有待提升。由于终身教育实践已成为学习者提高自身素质、拓展知识领域、培养兴趣爱好的重要途径，终身教育管理者的支持服务意识还应进一步强化，并与学习者的学习需求有效匹配。管理者的服务意识主要体现在具体管理工作中，尤其体现在对学习者和对教师的服务能力上。

第一,对学习者的服务意识相对欠缺,对学习需求的关注度不够。在市民终身学习过程中,为提高终身学习的成效与体验,学习者往往需要得到老师、班主任等终身教育工作人员的多重关心与指导。然而,部分管理者对学习者的需求了解不足,很难提供有针对性的帮助和服务,大多数学习者仅仅依靠聆听教师的课堂教学提升自我,而得不到应有的管理引导与教学辅助。还存在与学习者之间的沟通渠道不畅等问题。有效的沟通是培育良好的教育环境的基础,管理者与学习者之间的沟通不足会导致双方在诸如课程设计、教学安排、学习辅导等方面的需求和期望得不到及时反馈与解决。

第二,对教师的服务能力相对不强。终身学习支持服务队伍从整体来看应该由教师、管理者和志愿者组成,由于授课老师主要承担教学任务的推进,无法全面担当班级管理的角色。在现实的课堂教学中,除了接受学历教育的学习者外,其他类型的学习者所接受的教育目标的明确性、教学设计的合理性与过程管理的规范性等方面都不是很高。这就需要终身教育管理者能提前介入,给学习者提供教育与学习目标的指导、教学设计的说明与过程管理的引导。

从管理制度的角度来看,终身教育教师管理的制度设定也存在一定瓶颈。主要表现在以下方面。

第一,在创新教师队伍培训模式方面仍需强化。首先,体现为培训针对性不强。虽然很多教育机构会规律性地举办师资队伍素质提升专题培训,但是传统的培训活动大多采取了集体培训、集中授课的方式,往往缺少个性化和针对性培训设计。而终身教育教师所服务的学习者群体庞杂,教师的专业性相去甚远,很难设计出能针对所有教师、所有专业的共性培训方案,导致了具体的培训内容与培训结构很难适应授课教师的实际需求，培训模式也亟待创新。其次，培训资源不足。终身教育机构往往受资金和资源紧张等因素影响，无法投入足够的精力和资金来支持教师培训。缺少与政府部门、企事业单位和其他教育机构的合作交流，使得终身教育教师能力提升培训的共享资源和经验相对欠缺。再次，缺少规范的效果反馈。终身教育教师的培训教育存在时断时续现象，缺乏一定的持续性。① 从实践层面来看，虽然各地都会举行主题和形式各异的培训活动，但一般都是半年甚至一年组织一次，培训的连贯性和有效性很难得到保证。也存在着终身教育师资队伍建设无法得到相关机构的充分支持的困境，②极易导致培训形式大于内容的现象。培训前缺乏对不同类型终身教育教师师资水平、教育培训需求的调研，培训结束后也缺少针对受训教师培训效果的即时反馈和评估调研，导致终身教育教师培训岗前培训不到位、在职培训不全面等不合理现象。最后，终身教育师资培训模式也有待创新。③ 终身教育教师队伍培训也应当是持续开展、终身受训的，尤其是实践教学教师更应当积极更新自己对相关知识及行业动向的了解。当前终身教育教师培训基本上是在教育系统内部、由教育主管部门实施的，而忽略了教师跟岗和转岗校企合作培训等模式。因此，应大力完善示范培训、专题培训及全覆盖培训相结合的培训机制。

---

① 胡垂立. 终身教育背景下高校师资队伍建设问题与思路[J]. 中国成人教育，2017(2).

② 蒋中华，国卉男. 社区教育师资队伍建设现状及优化建议[J]. 当代职业教育，2021(5).

③ 林瑛. 终身教育视野下职教师资队伍建设问题与思路[J]. 成人教育，2016，36(3).

第二，终身学习支持服务队伍的激励机制有待完善。终身教育教师的激励机制是通过对教师进行各种形式的激励，引导和鼓励他们终身学习、不断提高自身教育教学能力的制度安排。然而，在实际运作过程中，这一机制存在着诸多困境。首先，终身教育教师工作量和薪资不匹配。我国社区学习共同体在建设过程中的管理体制不健全、经费来源较单一的现象普遍存在。① 从整体角度来看，终身教育教师无法享受与其他教育形态教师相对等的薪资待遇，这会导致教师积极性和教学热情的不足。而从个体角度来看，由于每一位教师的性格特点以及教学能力并不相同，对于追求最高层次需要，即实现自我价值需要的教师来说，缺乏竞争环境不仅会影响他们的职业成长，还会阻碍教师队伍的整体建设。这就要求终身教育教师队伍建设的激励机制应尽快完善，通过对不同类型的教师给予不同的激励，使整体教师队伍建设保持总体平稳并得以加速发展。其次，激励政策不明确且执行力不强。很多地方的终身教育教师激励政策都不明确，执行过程中力度不够，会导致教师对学习的积极性不高，甚至产生消极心态。为应对这种情况，管理者需要明确激励政策，如制定详细的教师培训和发展规划，并确保政策得到有效执行。再次，激励措施单一。对终身教育教师的激励多以物质或经济奖励为主，这虽然在一定程度上可以提高教师的工作积极性，但也会导致对非物质因素激励的忽视。可以尝试开展终身教育教师多元化激励措施，如荣誉表彰、晋升机会、扩大职业发展空间等方式，让教师在多个层面感受到物质表彰或精神鼓

① 黄一鸥，王利华．终身教育理念下构建社区学习共同体研究[J]．教育与职业，2020(24)．

励带来的激励作用，更好地完善激励机制。部分终身教育教师在专业领域具有杰出的表现却得不到足够的认可和重视，专业荣誉和奖励制度的缺失会使得他们追求卓越的动力不足，导致工作积极性和教学质量不高。最后，缺乏专业发展支持。终身教育教师往往缺乏专业发展的机会和支持，包括能促进教师专业成长的专业培训、学术研讨等资源相对匮乏，限制了他们提升专业知识和教学水平的动力，使得他们在课程设计、教学方法等方面的创新和改进意识不强、能力不足，影响了教学水平和教育质量。

第三，在教师准入制度的科学制定上仍有欠缺。虽然我国终身教育师资队伍的来源较广，有直接从师范类院校毕业的教师，也有从普通高等学校毕业的教师，还有来自社会资源但本身并没有终身教育资质和经历的从业人员。由于我国终身教育教师准入制度尚不健全，仍有待完善，[①]职业准入缺乏规范的可操作标准，会导致终身教育教师队伍素质良莠不齐。少数终身教育机构在教师准入、管理和评价等方面并未形成统一的管理制度，终身教育教师招聘的硬性规定大多仅限为学历程度，缺乏科学规范的教师准入标准。这种现象不仅会导致终身教育教师的教育学和心理学知识储备不足，而且会阻碍那些技能丰富但学历未能达标的优质师资资源的加入。对于兼职教师招聘，多以持有专业证书和获奖等条件作为准入标准，往往会忽视了多元化的准入条件。

第四，在教师职称评定制度上仍有待完善。职称评定是影

① 林瑛．终身教育视野下职教师资队伍建设问题与思路[J]．成人教育，2016，36(3)．

响终身教育教师未来发展的重要因素，形成科学规范有效的职称评定制度将会极大激发教师的工作热情，这既是对区域终身教育教师队伍建设的积极关注，也是学校乃至区域层面对师资队伍管理优化的有效手段。如果激励机制不科学，教育机构系统内部没有形成统一、规范的教师专业发展标准、教师职称评审标准，[①]甚至过分重视学术成果和学历层次，忽视对教学能力和实践经验的关注，会导致教师过于片面追求职称晋升而放松了教学和质量管控。

（三）志愿精神有待强化

终身教育除了需要教师的积极工作与管理者的周密管理，还需要志愿者的积极配合。终身教育志愿者一般分为两种类型，分别是校内志愿者和校外自发组织的志愿者。两类志愿者群体在不同的环境中各自发挥着辅助作用，共同推动终身教育实践发展。而志愿者服务水平的高低往往会对提高终身教育水平、为学习者提供更广泛的学习机会、促进社会发展等方面产生重要影响。

终身教育主张打破不同教育形态间的壁垒，力求将各类教育形态进行有机衔接，从而达到充分融合教育资源，推进市民终身学习走深走实的目的。尽管志愿者群体在拉进市民与终身教育这一关系中发挥了至关重要的作用，但在具体实施过程中仍存在一些棘手的困境。

1. 终身教育推进志愿者制度有待进一步落实

终身教育推进制度是一项旨在提高全民参与终身学习、促

① 金丽霞. 开放大学师资队伍状态与教师成长实现路径[J]. 现代远程教育研究，2016(5).

进市民综合素养、推广终身学习理念的志愿者服务项目。作为终身教育的推广者和传播者,志愿者们在这一制度中可以发挥举足轻重的作用。包括对相关信息的传递和宣讲,以及对终身教育相关制度和活动的解释作用。通过多种渠道和方式,志愿者们能向公众传递终身学习理念的重要性,积极推进终身学习实践。但这一推进制度在具体实施过程中往往受多种因素的影响而无法发挥其应有的作用。对于普及终身教育观念,提高全民终身教育素质,培养具备创新精神和实践能力的城市建设者的愿景仍需进一步落实。

2. 终身教育志愿者的服务意识不强

终身教育志愿者在承担简单的工作引导方面可以发挥积极作用,但是也存在支持服务主动性缺乏、服务态度不端正、服务流于形式等现象,从而导致学习者的需求和反馈难以被有效关注。由于部分志愿者更倾向于等待学习者主动寻求帮助,他们的主动服务和热情服务不足、服务质量意识不强,甚至将志愿工作视为完成日常任务,而没有将服务质量视为志愿服务重要的目标和指标,使得志愿服务的成果成效大受影响和制约。

3. 终身教育志愿者的能力有待提升

由于志愿者的个人经历与专业素养等方面存在差异,部分终身教育志愿者的服务能力不足现象也比较突出,主要体现为专业知识缺乏和沟通能力不足。作为终身教育志愿者,需要了解教育领域的不同专业知识和技能,以便更好地为不同学习者提供有针对性的帮助。但现实中往往存在志愿者专业能力不强,导致他们无法准确理解学习中的需求并提供恰当帮助等现象。此外,终身教育志愿者还需要保持与学习者的有效沟通,以了解确切的需求信息并提供合适的帮助。而部分志愿者的沟通能力不强,可能无法清晰地理解和正确表达相关意见和建议,导致对学习者的帮助无法有效开展,使得终身教育志愿者与学习者之间很难建立信任感和亲和力。

4. 自发组织的校外志愿者缺少合理引导

对于校外机构的志愿者,他们具有较高的服务热情并投入到为市民终身学习的支持服务中,但是他们也存在志愿服务意识与能力不足的现象。一方面,志愿者群体可能存在缺少多种资源支持问题。首先是资金受限问题。由于终身教育项目需要投入大量的资金,包括教材建设、师资培训、设备采购等,而自发组织的志愿者群体往往因为资金所限难以获得足够的资源支持。其次是人力不足问题。终身教育志愿者服务的实施不仅需要一定的物力支持,还需要大量的人力支持。但终身教育志愿者往往在时间和精力调配方面会有差异,可能会导致同一时间进行志愿服务的人数不足的现象。另一方面,志愿者群体也存在缺少专业引导问题。首先体现为志愿者专业素养不足。自发组织的志愿者大多来自各个领域,他们的受教育水平和专业背景可能存在较大差异,往往缺乏统一的专业知识培训和引导,部分志愿者甚至无法有效了解和应对学习者在学科知识上的困境。其次体现为服务策略不科学。由于缺少规范化的引导,可能导致志愿者无法将最新的教育理论运用到具体实践中,会使得市民终身学习的效果受影响。

由于志愿者群体未必具备精深的专业知识,使得他们在给学习者提供服务时可能缺少科学有效的学习成果评估引导,难以做到根据反馈及时调整自己的服务方式,从而会对学习者后续学习的积极性产生影响。首先,缺少专业知识引导的情况下,志愿者可能难以用统一的评估标准为学习者提供客观、公正的评估和反馈，从而降低学习积极性。其次，在没有专业办学资质的机构支持下，终身教育志愿者往往不具备有效使用多样化的评估工具的能力，导致志愿服务中的评估方法单一，无法全面反映学习者的学习动态。最后，志愿者无法应对学习者的多样性特点。由于学习者具有不同背景、年龄和学科兴趣，缺乏专业引导的志愿者可能难以根据学习者的实际学习成效制定灵活的评估策略，难以满足学习者多样化的学习需求。

（四）社会认同有待深化

终身教育教师是推进终身教育的重要力量，在当前终身教育实践开展、落实国家终身学习战略、提高全民素质和促进社会发展等方面发挥着至关重要的作用。然而，由于社会发展的多元性，他们的社会认同，尤其是作为终身教育教师身份被低估和忽视的现象比较明显。尽管终身教育教师在提高市民受教育水平、促进社会和谐发展等方面做出了重要贡献，但是他们的职业地位、收入水平和职业前景等方面却与其他类型的教师存在较大差距。此外，社会对于终身教育教师的认知和认同程度也不够，很难给予足够的理解、尊重和支持。因此，需要强化终身教育教师的奉献意识，提高社会对终身教育教师的地位认知和身份认同，从而进一步促进其职业发展和社会地位提升。

第一，社会对终身教育教师的认知不足。长期以来，社会普遍对以成人高校为主体的终身教育机构的认知存在着一定的误区。从学校层次上看，这类教育机构没有基础教育、中等教育或高等教育机构的地位显赫，甚至无法分清终身教育机构的正规身份和教育性质。从资源上看，终身教育机构尽管拥有一定数量的师资资源，但是在论及教育教学质量时往往会被忽视。这些观念是社会对终身教育机构臆想出的刻板印象,也导致终身教育机构在现实生活中常常会被轻视的现象。

第二,对终身教育理念的普及和宣传不到位。尽管终身教育理念从国外引入国内已很多年,由于经济、科技、社会发展等方面存在差距,导致整个终身教育思想并未能如鱼得水般在我国推行。一方面,生活水平的不断提升使得市民的终身学习需求正向多元化角度发展;另一方面,面对根基强大的传统教育,终身教育的市民接受度依然不高。在共同生存的社会发展空间里,统一的融合关系依然未能有效形成。在终身教育理念早已普及、实践已经得以拓展的今天,社会和个体依然很难自觉表达接受终身教育的愿景。

第三,终身教育教师职业前景不明确。终身教育教师的职业前景问题不仅是教师社会认同的瓶颈表现,而且也是终身教育发展的关键制约因素。目前,终身教育教师的职业前景较为模糊,很难形成具有可预见性和稳定性的职业发展路径。这个问题主要表现在以下几个方面:首先,终身教育教师的职业晋升空间受限。由于终身教育教师的职业晋升机制相对单一,很难形成多样化和个性化的发展路径,使得很多终身教育教师在职业发展方面面临阻力。其次,终身教育教师的职业发展路径不清晰。由于终身教育所涉及的领域较为广泛,终身教育实践也呈现多样性特点,因此,终身教育教师在选择职业发展路径时往往缺乏明确的指引和规划,容易陷入混沌。最后,终身教育教师的职业前景受行业发展不稳定性影响。随着社会经济发展模式的不断变换和科技的不断进步,终身教育实践正面临着诸多变革和挑战,使得终身教育教师的职业前景变得更加不确定。

第六章

市民终身学习支持服务体系的优化探索

为应对新时代的机遇与挑战，社会亟需以更加科学、多元、人本、优质的方式，助力每一位市民在终身学习实践中自由翱翔。构建科学化学习服务机制，确保学习路径的高效与个性化，为市民终身学习奠定坚实基础；打造多元化学习资源集群，汇聚优质资源，满足市民多样化的学习需求；优化人本化学习服务方式，以学习者为中心，创新服务模式，让学习更加便捷、温馨；构筑优质化师资队伍系统，培养一批既有深厚专业知识和教学技能，又具备良好学习热忱和道德风范的教师，为市民终身学习提供最强有力的智力支持。

一、构建科学化学习服务机制

在知识爆炸的时代，构建一个科学化、系统化的终身学习支持服务机制显得尤为重要。这一机制旨在通过优化资源配置、提升服务质量，为学习者提供更加高效、便捷、个性化的学习体验。其核心在于建立强有力的统筹协调机构，确保各项服务能够无缝衔接、高效运行；同时，通过强化服务供给模式，激发区域间的协同共生效应，形成资源共享、优势互补的良好局面。健全的合作发展体系是推动这一机制持续优化的关键，而推动教育公平普惠、规范组织管理系统，则是确保其健康、可持续发展的有力保障。

（一）建立统筹协调机构

理顺终身教育的管理机制，是推进终身教育实践深化的前提，建立统筹协调机制对于推动学习型社会建设、提升市民整体素质具有重要作用。基于此，在国家层面应构建能够全面统筹各种教育资源并大力推动终身教育整体发展的议事机制，在地方层面设立相应的终身学习推进协调机构，例如，可以通过已有的学习型城市推进办公室或者由教育行政部门中的终身教育管理机构转型而来。当前的困惑主要在于如何理顺上述两类部门之间的关系，要避免政出多门的现象。因此，省（市）、县（区）、街道（镇）三级（或四级）政府应设立相应的终身学习推进办公室并直接隶属地方政府，而不是归属地方教育行政部门，以利于更好地协调和统筹区域内的文化、教育等各类机构资源，解决长期以来因行政归属、体制机制以及利益需求的不同而造成的部门之间相互割裂与阻断等问题。此外，国家层面应建设能汇集各种线上和线下教育资源的一体化学习平台，即通过教育资源的大融通与大融合以满足终身学习者多样化学习对学习资源的需求。目前，很多省、市都建有终身学习或终身教育的网络平台，但地方性学习或教育平台的宣传力度、整合水平和资源质量都明显不足，建设国家层面的终身学习资源平台至关重要，也是充分保证学习资源数量和质量的基石，可以实现每个公民都能清晰知晓有效的学习资源，从而达到便捷获取学习机会的目的，终身学习需求也才能得到精准化满足。

建立健全制度，做好机制创新，是市民终身学习支持服务有效落实的制度保障。要通过研究制定全民终身学习相关法规，将终身学习纳入政府职责范围，形成政府统筹协调、部门分工负责的管理体制，使终身学习理念更加深入人心。在终身教育支持服务体系建设过程中，需要充分发挥各服务主体的能动性。强化政策执行、资源统筹、组织协同、社会参与等要求，坚持多元主体合作治理，充分发挥社区居民、各类社会组织、企事业单位等机构积极性，共同推进市民终身学习支持服务体系建设。在管理机制方面，可以建立与终身教育发展相适应的行政管理体制，成立专门的教育行政部门，配备专业人员，发挥政府统筹管理职能，探索建立基于网络的市民终身学习公共服务平台，整合各类终身教育资源。在统筹协调机制方面，要整合和优化区域内各类教育资源，构建一个开放、灵活、可供选择的学习网络，探索建立政府主导、社会参与、企业支持、学校依托、社区实施的运作机制。还要进一步强化终身学习投入机制中政府的主导责任，保证国家对终身教育与学习的投入，尤其要确保市民终身学习的支持经费投入逐年增长。还可以借鉴发达国家终身学习成本分担的经验，建立政府、企业和个人等多方分担的终身学习经费筹措机制也是必要的、可行的。我国当前条件下，由于民众科学文化水平和教育发展水平的限制，全民终身学习意识还不够强烈，终身学习的重要性和迫切性还没有得到广大社会成员的内心认同和接受，因此，强化市民终身学习的激励机制显得尤为迫切。可从加大终身学习活动宣传力度、对市民终身学习提供经济资助、改革学习评价体系等多方面着手建立终身学习激励机制。

随着新兴数智技术的快速发展，加快教育数字化转型已成为推进市民终身学习的必由之路。精心开发数字化教育与学习软件，整合各种学习与教育资源，发挥终身教育机构在建设学习型社会中的知识传播与技术辐射作用，构建覆盖全国的智能学习系统，促进全民终身学习活动深化发展。具体来说，要有效整合和利用大量分散于行业、部门和系统的学习资源，推进社会公益文化机构和场所实行低成本对外开放，利用各类全日制和非全日制教育机构的教育优势，以及互联网和多媒体信息技术，满足学习者多样化的学习需求。还可以充分发挥各级教育中介组织作用，为全民学习提供多层次、全方位的学习支持服务。

（二）强化服务供给模式

学习权利是人的基本权利，是人在社会生活中不断自我成长的前提。学习权利的充分保障是实现全民终身学习的基础，是撬动个人潜能与社会进步的重要杠杆。对于个人成长而言，学习权利的保障如同点亮智慧之光的火种，它不仅为每个人提供了获取知识、技能和价值观的宝贵机会，还可以促进个人能力的全面发展，使每个人都能够根据自己的兴趣和天赋，自由探索知识和实现自我价值。对于社会发展而言，学习权利的保障是推动社会进步与促进实践创新的不竭动力。它是构建社会公平的基石，可以确保不同出身、性别、经济状况的人都能站在同一起跑线上，享有平等接受教育的机会。这种公平性不仅促进了社会成员间的相互理解和尊重，还极大地激发了社会整体的创造力，为经济的持续增长、文化的多元繁荣以及社会的和谐稳定提供坚实的人力支撑。只有每位学习者的基本权利都得到了尊重和保护，他们才会有精力聚焦于获得高质量的学习内容、优质的学习方法和个性化的学习路径。这样所培养出来的高素质人才不仅能满足现代社会的需求，也能为国家的长远发展注入了源源不断的智力资源。

在终身教育实践中，政府的角色不是简单地提供“公共产品”，而是需要制定相应的政策制度，提供相应的保障措施，构建以学习者为中心的学习支持服务供给机制。社会的发展会激发人们不断更新需求，使得原有的支持服务供给机制难以满足市民日益增长的学习需求。因此，成人高等教育改革应从制度上保障市民学习权利，满足其多样化、个性化的学习需求。从制度设计方面来看，要根据成人学习需求和教育资源分布特点，建立以学习者为中心、基于学习过程和结果反馈的教育支持服务供给机制。还需要结合终身学习理念和“互联网＋”思维，建立基于网络的多元化教育服务供给机制，建立教育部门牵头、其他社会力量参与的学习推进机制，为学习者提供多层次、多途径的教育支持服务。

（三）增强区域协同共生

经济发达的地区或区域，其教育资源往往也是很丰富的。以长三角地区发展为例，2010 年，国家发改委印发了《长江三角洲地区区域规划》，强调在长三角地区建立完善的现代国民教育体系和终身教育体系，推进区域内各地区间人才、资金、科技、信息等要素的自由流动和优化配置。2019 年，中共中央、国务院印发了《长江三角洲区域一体化发展规划纲要》，强调“协同扩大优质教育供给，促进教育均衡发展，率先实现区域教育现代化”。长三角终身教育的发展不仅是个人成长的阶梯，更是区域持续繁荣与社会创新发展的不竭源泉。作为中国经济版图上的璀璨明珠，长三角地区以其深厚的经济基础、密集的人才资源和开放的创新氛围，为终身教育的全面发展提供了得天独厚的条件。

各地所绘就的终身教育发展蓝图，既是对未来的教育宣言，也是推动区域教育高质量发展的行动指南。通过构建公平、优质、高效的终身教育体系，可以确保每位学习者都能享受到高质量的教育资源；通过打破地域界限，可以实现教育资源的均衡配置，让优质教育资源惠及每一个角落，实现教育公平；构建开放包容的教育环境，可以确保每个人都有平等接受教育的机会，缩小城乡、区域、群体间的教育差距。在推进区域终身教育发展过程中，还要基于各地的实际情况和教育发展趋势，充分考虑政策、资金、技术等多方面的支持和保障，建立健全规划实施的监测评估机制，确保各项措施能得到有效执行。同时，应鼓励社会各界积极参与，形成政府主导、社会广泛参与的终身教育发展格局，推动区域终身教育协同发展。

（四）健全合作发展体系

随着市民终身学习需求的日益强烈，他们对终身学习支持服务体系建设的要求也越来越高。构建完善的市民终身学习支持服务体系，要充分发挥正规教育机构对促进市民终身学习的基础作用，以终身教育理念引领各类教育机构转型升级与创新发展。构建服务全民终身学习的教育体系，要聚焦薄弱环节，弥补教育短板。推进社区教育的丰富性，夯实终身教育主阵地，盘活区域教育文化资源，扩大社区教育服务供给，鼓励高校、企事业单位和社会组织参与社区教育，实现共治共管。通过分级设置、层层覆盖和网格化管理，形成全覆盖、全渗透、全员化的终身教育支持服务新格局。要重视对残障人士、失业人员、老年人群等弱势群体的教育关怀，加大对各类社区民众开展不同形式的教育与培训，以特色项目品牌和特色课程建设为抓手，推进社区教育内涵式发展，不断提升终身教育的服务质量和水平。探究不同类型教育主体的衔接机理与协调机制，将各级各类教育主体有机整合，提供高效的市民终身学习支持服务，更大程度发挥各类型、各形式教育的整体协同效应，达到“1＋1＞2”的效果。积极运用政府调控和市场调节“两只手”协调功能，明确政府对重点领域的终身教育投入，引导社会资金持续投入服务全民终身学习的支持服务体系建设。

（五）推动教育公平普惠

终身学习理念突破了传统教育对不同年龄阶段划分的局限，强调正规教育、非正规教育和非正式教育的有机结合和无缝对接，使得每个人在人生任何阶段都能接受适宜的教育，充分发挥学习者的主体地位和主观能动性。在学习过程的设计支持方面，教师的角色由传统的知识传授者转变为学习过程的咨询师和引路人，要更加关注学习者的个体差异，尊重并发掘他们各自独特的学习风格。这种转变要求教师应“以学习者为中心”调整教学策略，提供个性化学习建议和支持，帮助每一位学习者找准最适合自己的学习路径实现自我教育。

践行适合教育理念需要政府、学校、家庭和社会协力同行。政府要坚持教育优先发展、优质发展，从“人、财、物”等方面有力保障终身教育体系建设，为每位学习者获得公平且有质量的“合适教育”创造条件。坚持把党的政治建设摆在首位，强化统筹规划、政策指导、协调推进，将党的教育政策贯彻到位。切实加强各级党组织对区域终身教育发展的组织领导和统筹协调，明确政府及有关部门的责任，健全多部门协同工作机制，切实推进区域终身教育发展的保障机制。提升“包容、普惠、适合”的终身教育服务水平，满足市民多样化学习需求，助力市民实现人人皆学、处处可学、时时能学。

调研终身学习服务需求是提高人才培养质量的重要途径，是完善终身教育体系的重要举措，是创建全民学习的学习型社会的重要基础。从区域终身学习服务需求调研入手，形成一套涵盖理论框架、专业设计、操作路径、资源配置等环节的工作流程，建立区域终身教育服务体系，形成区域终身学习支持服务格局，为学习者提供优质便捷的终身学习支持服务。

调研学习者终身学习需求是终身教育服务工作的出发点和落脚点。通过了解居民对终身学习的认识，及其终身学习目的与意义，可以把握区域终身学习支持服务工作中亟需解决的主要问题。需求调查的对象和内容一般可以包括：一是面向社区居民和在岗职工的终身学习服务需求。了解居民和职工对终身学习服务的需求，以及他们对终身学习支持服务的期盼。二是面向企事业单位、社会组织、特色园区等各类机构的终身学习服务需求调研。了解这些机构在提供终身学习支持服务方面的困境，为市民获得有针对性的终身学习支持服务奠定基础。三是面向老年群体、残疾人群体、农民群体和外来务工人员群体的终身学习服务需求调研。了解他们在融入终身学习过程中急需解决的问题，不断优化终身学习支持服务的内容和范畴。

（六）规范组织管理系统

终身教育体现的是“教育社会化、社会教育化”的大教育观，构建市民终身学习支持服务体系是一项极其复杂的系统工程，需要有效整合和充分利用一切社会教育资源，在各地党组织和行政部门统筹领导下，由教育部门牵头、多方联合、共同推进，有效凝聚社会共识、形成发展合力、健全协同治理体系，协商解决构建过程中遇到的各种问题，完善终身教育可持续发展的体制机制。为满足学习者的学习需求，应积极发挥政府的导向作用，不仅要构建专门负责终身教育公共服务的行政机构，还要建立和完善终身教育的法律法规。终身教育领导机构应负责制定终身教育发展规划及实施方案，负责组建各级终身教育机构，形成终身教育组织框架，实现制定政策、整合资源、建立机制、落实经费、成果认证等一体化支持服务。

制定终身教育法规是政府发挥其导向功能的重要举措。现有的相关法律文件中所涉及终身学习的内容大多简略而抽象，多停留在原则层面，缺乏针对性和可操作性，这直接影响和制约了市民终身学习相关政策的制定，使得全民终身学习所需的人、财、物等支持服务要素难以得到保障。随着我国终身教育不断向纵深发展，所遇到的体制机制障碍，以及与其他各类教育之间的壁垒，均亟需通过规范的法律法规予以破解。对于部分省市已颁布出台的地方性终身教育促进法规，当地政府还需尽快制定终身教育促进法规的实施细则。相关细则应明确政府、企事业单位、社会团体及个人的权利、义务和责任，推动终身教育支持服务体系和学习型社会建设步入法制化轨道。立法可以锚定对制约终身教育可持续发展的体制机制的有效破除，实现终身教育发展所需要资源的有效汇聚、整合和优化，为全民终身学习提供全方位的支持服务和规范引导。

二、打造多元化学习资源集群

随着终身学习理念的日益深化,需要构建一个多元化、高效能的学习资源集群,通过全面提升课程资源的覆盖率与利用率,丰富学习资源的内涵与形式,增强各类信息资源的普及性与便捷性。同时,积极推进资源供给的数字化水平,拓展资源融合的专属性,以满足不同学习者的个性化需求。此外,不断强化文化资源的认同感可以让学习者在知识的汲取过程中,也能感受到文化的底蕴和魅力。

(一) 提升课程资源覆盖率

市民终身学习最直接的服务资源就是课程资源,它是最具组织化的资源。从形式上可以将课程资源分为纸质文本和数字化文本,一般而言,纸质文本的课程资源建设往往具有滞后性。所以,应对文本资源按照一定周期进行推陈出新,以需求与供给相匹配机制提升文本资源的使用率和有效性。从内容上可以将课程资源分为社会科学类、科技信息类、生活艺术类等方面。终身教育应顺应时代发展,不断完善课程资源的内容,尤其是科技信息类课程资源,要强化这类资源的种类、形式、内容。应紧跟科技发展潮流,依托不断迭代的 ChatGPT 大语言模型、Sora 大视频模型等 AI 数智化工具形成新数智课程,吸纳更多市民多渠道获取终身学习资源,提升课程资源的全面覆盖率和有效使用率。

当前,市民终身学习的社会教育资源整合力度略显不够,尚未实现有效共建共享与最大化利用;课程资源建设缺乏长远规划和顶层设计，处于零散、无序状态，未形成系统化和标准化。因此，要加大终身教育资源整合和利用，积极探索资源建设的创新模式、协调机制、共享策略与实现路径。要依托开放平台建立多方共建共享的运行机制，推动资源建设规范化、特色化发展。资源整合利用要紧跟时代发展、紧贴居民需求，不断拓展课程资源载体和呈现形式，积极推进课程资源建设与推广应用。同时，要最大限度发挥现有资源的教育作用，有效调控增量资源、激活存量资源，形成终身教育资源共建共享的长效机制。还要充分利用现代信息技术，实现课程资源建设的系列化、数字化和一体化，形成纸质书、电子书、网络课件与学习包等四位一体学习资源库，便于学习者能够自主自助学习。在资源整合过程中，应坚持“统一标准设计、统一互通机制、统一终端接入”的运行模式，要做到课程建设系列化、课程内容通俗化、课程形式多样化，以更好地实现学习资源多维度、细粒度、全透明深度共享。

（二）提升学习资源利用率

他山之石，可以攻玉。可以充分发挥区域各类社会场馆资源的教育和学习功能，本着吸收借鉴与互联互通的原则对区域场馆资源进行了收集整理，结合终身教育资源的区域特性，培育场馆资源的终身教育价值。例如，对于上海市而言，可以充分利用中国共产党第一次全国代表大会会址、韬奋纪念馆、上海周公馆、上海孙中山故居纪念馆等场馆教育资源。对于地处市中心的上海市黄浦区，其海派文化特色鲜明又不失红色底蕴，可以挖掘具有红色魅力的海派黄浦文化底色，有针对性地利用相关场馆推进终身学习支持服务。对于名人旧居场馆特色突出的上海市徐汇区，可以依托宋庆龄故居、黄兴旧居、巴金旧居、张乐平旧居等场馆弘扬先驱初心，增强市民终身学习的英雄情怀。

案例5

纳入市民终身学习服务的上海市普陀区场馆资源

上海市普陀区有很多场馆资源可以纳入市民终身学习服务资源。诸如苏宁艺术馆、上海纺织博物馆、M50创意园、顾正红纪念馆、元代水闸遗址博物馆等都可以为市民终身学习提供优质的资源服务。

苏宁艺术馆是著名的博物馆、艺术馆和美术馆，是国际性艺术资源集群平台。藏品以绘画艺术为主体，涵盖青铜、犀角、牙雕、印石、沉香、玉雕等多个品类，远迄后商、西周、宋元，近至当代3000件藏品。展厅设计根据中国传统文化园林建造，蕴含中国文人治理天下情怀的初衷，借鉴兰亭序曲水流觞、吟诵诗词的风雅，山水园林造型，再现了文人修禊游赏的情景。

上海纺织博物馆位于原上海申新第九厂旧址。申新纺织公司是中国近代纺织工业中规模最大的民族资本企业。作为中国第一代工人阶级，近代上海纺织产业工人引领了从1891年发生的机工罢工斗争至1948年申新九厂“二二”斗争等八次上海纺织产业工人运动，最早承担了反帝、反封建、反资本主义斗争的重任。

顾正红纪念馆属于红色文化场馆，展现优秀共产主义战士、中国工人运动先驱顾正红烈士短暂而光辉的一生。因其英勇牺牲被视为历史上发生震惊中外的“五卅”反帝爱国运动导火线而被选为市民游学的场馆。

元代水闸遗址博物馆则是迄今为止中国最大的元代水利工

程遗址，2013 年入选第七批全国重点文物保护单位。以“遗址的初心”故事带领观众感悟我国古代劳动人民的工匠精神，传承元代水利专家任仁发专注水利事业、心系百姓的爱国精神。

上海市普陀区内的场馆呈现出各具特色的多元格局，既有红色文化建筑，也有现代场馆艺术，为市民开展终身学习活动提供了较为丰富的场所空间。还可以通过合理应用扩大其辐射面。例如，这里暑期可以承载亲子游学活动，周末的人文行走学习可以帮助市民实现学史明鉴。通过把现实场馆与当年关键历史事件相联系，让市民开展沉浸式学习，实现学有所思，学有所获，学有所得。

拓展机构资源可以彰显市民终身学习风采。人口老龄化使得老龄化社会不期而遇，老年大学已成为向区域内老年人提供优质、开放、多样化教育服务的重要机构。社会发展和需求的日益更新使得老年教育始终处于终身教育发展高位。可以利用老年教育艺术节力倡老年人重塑个人价值，用学习、梦想唱响主旋律、弘扬正能量，树新时代长者风范，做新时代风范长者，展现人生风采。同时，举办各类艺术节还可以拓展办学机构的资源，丰富校园文化生活，展示市民终身学习风采。通过精彩纷呈的终身学习交流，不仅能为学习者提供文化交流、实现自我价值的平台，也可以展现学校丰硕的教学成果和学习者们积极向上的精神风貌。各类艺术节可以让学习者充分展现自己的学习成果，享受学习的快乐，为学习生活添加绚丽的色彩。通过艺术点亮人生，学习成就梦想的各类教育与学习活动，可以进一步弘扬终身学习、终身成长的终身学习理念，让每一位学习者用自己的智慧、才华和梦想诠释生命的意义与价值，用真情、才艺和赤诚为人民城市人民建所取得的成就而欢歌。

区域终身教育机构要举办各类教学活动,提供终身学习的智力支持,还要注重学习资源的传播与辐射,持续倡导"在学习中生活"的终身学习理念。通过优课程、强资源、拓形式、创平台,积极推进终身学习文化建设,加强品牌宣传和推广,使更多的社区居民在区域终身教育机构享受到高质量的学习支持服务,提升市民的生命质量与幸福指数。

(三) 提高品牌资源内涵性

全国各地都在开展市民读书活动,让市民养成良好的读书习惯,形成阅读的品牌效应。通过多读书、读好书、好读书,提高读写能力,夯实文化底蕴,营造书香文化氛围。通过开展亲子阅读、慧爱家庭系列读书活动,实现开卷有益——在线阅读,发表书评;书海拾贝——推荐好书,填写理由;亲子共读——加入团队,分享感言;开展诗意生活的诗歌创作活动。通过人文行走,讴歌新时代诵读活动,提高市民文学欣赏水平。

开展家庭教育同样可以在市民终身学习活动中发挥协同育人机制,助推孩子健康成长,形成非凡意义。家庭教育活动可以做到精彩纷呈多样,要坚持以丰富的资源、多样的活动与新颖的内容吸引更多家长与孩子共同参与。

案例 6

"靠谱共育"家庭教育品牌

在"靠谱共育・非遗传承"品牌栏目线下活动"智慧父母成长课堂"上,京剧老师用趣味化的语言为孩子们讲解了许多京剧小常识，可以引起孩子们模仿和学习的兴趣。通过制作京剧脸谱，让孩子们领略国粹艺术的魅力，实现扬传统文化，促立德树人。

家庭教育公益讲座“学会做现代家长”分享“先成人后成才”的教育理念，指导家长充分遵循孩子的成长规律，树立好家风、好家规，营造良好家庭环境，为家长提供崭新的教育思路与方法。

家庭教育公益讲座“我的成长之路”邀请上海市人大代表、普陀区残疾人联合会副理事长、第二十九届奥运会火炬手金晶作为主讲嘉宾分享了乐观、勇敢、坚毅的人生品质及勇战困境的成长故事，就“如何在陪伴孩子成长道路上做好引路人”方面给家长带来启迪与思考。通过别样的亲子陪伴，将劳动教育、生命教育与家庭教育更好地融为一体。

“手工作坊”大漆团扇亲子体验吸引了中小学生家庭共同感受了一场水与油的奇妙世界，开启一段“美”的旅程。孩子们和家长共同体验了中国大漆这项传统工艺，以水油为媒，运用各种颜料、材料等工具制作了大漆团扇、花瓶、画框。在亲子互动中，孩子和家长成为学友，一起发现美、体悟美、创造美、分享美，也让亲子关系更进一步。

传播家庭教育知识，弘扬中华民族传统家庭美德，可以树立良好家风，强化家庭教育品牌。通过不断营造全社会重视和支持家庭教育的浓厚氛围，切实发挥家庭在推动社会发展中的积极作用，推动形成社会文明新风尚。

(四) 增强信息资源普及性

为更好服务市民终身学习,需要学深悟透区域终身教育政策和信息资源,为市民开展终身学习提供适合的资源供给和适需引领,并积极宣传和推广终身教育品牌。第一,加强数字教育资源平台建设。建设统一的终身学习数字平台,整合各类优质教育资源,包括在线课程、电子图书、学术文献等,形成一个集学习、交流、认证于一体的综合性平台,降低学习成本,提高信息资源的集中度和可及性。推动平台与各类教育机构协同合作,实现资源互补和互利共赢。第二,丰富和优化学习资源内容。根据不同受众群体的需求,开发包括视频课程、音频讲座、在线测试、互动问答等多种形式的信息资源。注重资源的实用性和时效性,确保学习资源与当前社会发展趋势、行业需求和个人成长目标紧密相关,提供有价值的学习内容。建立资源更新机制,定期评估资源质量,邀请行业专家参与内容策划与审核,收集用户反馈,不断优化资源内容。第三,提升学习者的信息素养和学习能力。通过线上线下融合方式向学习者普及信息检索、筛选、评估和应用的技能,提高其获取和利用终身学习信息资源的能力。通过平台功能设计和鼓励自主学习和合作学习,利用学习社区、在线讨论、协作交流等工具鼓励学习者进行互动交流,探寻共同解决问题的策略,提高学习效果。

(五) 提升教育资源人文性

为满足学习者多样化的资源需求,应充分调动各级各类教育机构开展终身教育的积极性,促进终身学习资源的多样化发展。不同的教育模式下的终身学习资源不应是孤立和封闭的,而应是相互融通的。其一，应注重学习资源的生活化。学习资源可囊括兴趣培养、文化素养、现代生活、休闲娱乐、职业技能等多个方面，促使学习者开展持久性学习，并确保学习内容深入浅出、通俗易懂。社区教育之所以能够扎根民众的日常生活，是其坚守了碎片化学习的一般原理、经验总结汇聚成教学内容，形成生成性课程。其二，终身教育支持服务应关注学习个体的差异性。教育场所应该向所在区域的所有个体开放，为不同文化背景、教育层次、年龄阶层的个体安排不同类型的学习资源。要面向企事业单位职工、失业人员广泛开展以职业技能、再就业培训等为主要内容的教育与培训；要面向外来务工人员广泛开展以法律法规、市民守则、社会保障等为主要内容的新市民教育；要面向老年人群广泛开展以生活休闲、保健养生等为主要内容的老年教育；要面向青少年广泛开展以传统文化、科学技术、思想品德等为主要内容的青少年校外教育；要面向残障人士广泛开展以法律援助、技术技能、康复医疗等为主要内容的帮扶教育。

（六）推进资源供给数字化

数字化资源供给有助于推动资源的循环利用和绿色发展，减少对环境的影响，促进经济社会的可持续发展。大数据和人工智能分析可以为资源供给决策提供科学依据，提高决策的准确性和时效性，推动社会创新发展。当前的终身学习支持服务供给存在着学习服务失衡性和学习服务供给有限性等问题，距离服务全民终身学习的政策目标还有较大的差距。为此，必须进一步加强对全民终身学习支持服务体系战略地位的顶层设计，加大政策研究，有效解决现实的瓶颈问题。

从教育特点来看，要充分开发现代远程开放教育。现代远程开放教育的优势就是可以同时实现扩大教育机会、提高教育质量、降低教育成本的目标,这一独特优势决定了远程开放教育在促进全民学习、终身学习,建设学习型社会中的积极作用的发挥。可以将开放教育的资源优势转换为市民终身学习的有效途径。搭建以终身学习资源云平台为核心、具有协同创新机制的区域终身学习资源云服务体系是全民终身学习有效推进的基石。

在技术层面,要建立数字化资源管理平台。开发集资源采集、存储、处理、分析和共享于一体的综合性数字化资源管理平台,依托大规模数据对信息资源的实时处理和高效分析,可以向用户提供友好界面和便捷访问服务。充分利用大数据、人工智能、物联网等先进技术,可以提升资源供给的数字化水平。具体包括:利用大数据技术进行资源需求分析、预测和优化配置,利用人工智能技术进行智能推荐和决策支持,利用物联网技术实现资源的实时监控和智能调度。

在政策层面,要制定相关支持政策和推进标准,明确数字化资源供给的目标、任务和保障措施。为了规范数字化资源的管理、使用和共享行为,可以通过税收优惠等措施鼓励企业积极参与数字化资源供给,加强政策宣传和解读工作。政府应提供财政资金支持数字化资源供给项目的研发、建设和运营。

在人才层面,要依托高校、科研院所等机构培养数字化资源供给服务所需的专业人才。还要优化人才发展环境,引进国内外优秀人才,提供具有竞争力的薪酬待遇和福利保障,提升人才整体水平。建立科学合理的激励机制,在明确人才需求的基础上,对在数字化资源供给领域做出突出贡献的人才给予表彰和奖励,激发人才的创新活力。

在组织层面,要成立专门的领导小组或工作小组,负责数字化资源供给工作的统筹协调和推进实施。同时,加强各部门之间的沟通和协作,形成工作合力。还要积极营造数字化文化氛围,提高全体员工对数字化资源供给的认识和支持度。通过宣传、培训等方式普及数字化知识和技术应用经验。

(七) 拓展资源融合专属性

通过文献和资料分析可以发现,欧美等国在终身学习服务资源推广方面有诸多举措。可以借鉴这些国家的做法,通过整合社会各类资源供给机构,为全民终身学习提供强大的资源服务和供给保障。为了满足和实现全民终身学习需求,可以将社区学院作为终身教育的重要机构,为市民提供接受继续教育的场地,承担对市民终身学习支持服务的阵地作用。对于本身不是传统的教育机构但却可以发挥教育作用的组织,例如社区组织、文化组织和各种职业协会等机构,可以充分发挥这些组织的教育功能为市民提供终身学习服务。对于既非传统的教育机构,也不具备教育性质,但能够为教育发展提供服务的组织,例如工商企业联合会、工会等,也可以承担市民终身学习的支持服务功能。

通过借鉴亚洲国家的终身学习服务体系建设模式,即注重终身教育资源建设的专属性。首先,资源专属有利于促进终身教育发展。韩国《终身教育法》是在《社会教育法》的基础上确立的,该法律明确指出,终身教育设施是以终身教育为目的而专设的,终身教育团体是以终身教育为主要目的法人团体,并将终身教育设施单独设为一章加以具体规定。传统的学校教育已经在人们心目中留下了深刻的认知,而终身教育理念则赋予了教育更广、更深的含义。为了有效促进终身教育实践的发展，需要专门的组织、队伍等予以支持，可以明确企事业单位、社会团体、各级学校及各种宣传机构开发利用自身的资源优势，还可以附设独立的终身教育团体。专门的终身教育设施和终身教育师资建设有利于终身教育功能的发挥和终身教育实践的推进。20 世纪 90 年代，韩国的文化院、戏院、文化中心、博物馆和各种会馆等文化教育设施就遍及全国，公共图书馆业发展到 200 多家，成为该国开展终身教育的重要场所。韩国利用公共图书馆资源经常为国民开办读书活动、艺术集会和各种讲座等。可以借鉴日本《终身学习振兴法》的相关规定，要求学校与社会教育以及文化机关和团体相互合作。日本的大学通过实行各种制度向社会开放，以扩大成人的入学机会。通过函授、讲座、夜校、电视放送等形式进行面向社会的高等教育。社会文化机构也是该国终身学习资源的重要提供部门。政府将科教文卫、产业经济等部门纳入终身学习资源统筹范围，从而营造全员、全面服务于终身教育体系构建与优化的格局，趋近于我国所提出的建设全民终身学习的学习型社会、学习型大国的目标。上述这些国家的经验与做法，都可以为我国市民终身学习支持服务体系建设提供思维借鉴。

（八）强化文化资源认同感

苏州河孕育了上百年的上海工业文明史，包括红色文化、工业文化以及派生的治理文明、创意展馆都为挖掘区域文化资源、展示魅力苏州河增添了浓墨重彩的一笔。苏州河工业文明是中国近现代民族工业发祥地，工业遗产丰富，建设有苏州河工业文明展示馆。该馆以历史为时间轴，以苏州河为空间轴，展示了上海开埠至今苏州河沿线工业文明的风雨历程和辉煌成就。70 多年前，上海乃至中国的近现代民族工业从河畔起步，创下无数个“第一”。1949 年上海解放时，苏州河沿岸已集中了包括面粉厂、榨油厂、纺织厂、印染厂、化工厂、印刷厂等在内的近两千家著名企业和工厂。然而，大量工业废水直排苏州河，使河流污染逐年加剧。到 20 世纪 70 年代，市区河段已鱼虾绝迹，河水终年黑臭，水面垃圾漂浮，给苏州河道以及两岸百姓生活带来了巨大的工业污染。从 90 年代开始，上海市政府针对苏州河水质污染问题进行了多次治理，坚持“以治水为中心，全面规划，远近结合，突出重点，分步实施”，“一张蓝图干到底，一代接着一代干”。经过 30 多年的努力，苏州河与黄浦江交汇处的“黄黑线”基本消失，苏州河的面貌发生了根本改变，一改旧时恶臭冲鼻、浊气满天的气象，呈现出水清岸绿的良好生态现状，苏州河梦清园环保主题公园应运而生。治理苏州河成了城市的一个正面展示，让市民在此了解、学习、体验以人民为中心的理念的具体践行，已成为课程思政教育融入终身教育的经典案例。

M50 创意园位于苏州河畔，是其间保留最为完整的民族工业建筑遗存。园内矗立着 20 世纪 30 年代到 90 年代各历史时期的工业建筑 50 余幢，是苏州河畔保留最为完整的民族工业建筑遗存，也是目前上海最具规模和影响力的创意产业园区之一。滨水而居，享受宜居、宜业、宜游、宜乐的美好生活，是以人民为中心的城市生活佳例，更是挖掘苏州河区域文化资源，增强市民地域认同感的美好篇章。在推进市民终身学习支持服务过程中，可以充分发挥区域文化资源优势，展现不同地区的独特魅力和风采。通过文化渲染，强化市民文化资源认同感，提升市民的区域文化情怀，这是一个文化传承、教育普惠以及市民自觉的综合实践行动。

三、优化人本化学习服务方式

城市更新、产业升级、技术进步、人口变迁、学习方式创新，不断给城市终身学习服务提出新要求、新任务。服务方式决定了学习者可以接触到的学习资源和方式的多样性，通过搭建平台、整合资源，促进教育机构、社区、企业与家庭等多方合作与共享，扩大学习资源的覆盖范围，提高资源的使用效率，为市民提供更多优质的学习机会。此外，从课程设计、资源积聚、学习支持等角度提供全方位的服务，关注学习者的体验，增强市民学习动力和持续参与意愿。同时，终身教育还要紧跟科技的进步，不断适应新的变化和要求，要立足项目化、特色化、融合化、网络化、数字化服务方式，提供适合的终身学习支持服务。

（一）项目化整合

1. *面对柔弱人群——守护婴幼儿健康成长*

人的早期经历是奠定人生发展的重要基础。婴幼儿作为社会中最柔软、最需要细致关怀的群体，其健康成长直接关系到家庭的幸福与社会的未来。我国婴幼儿有着庞大的数量及多样化的服务需求，面向婴幼儿，即面向“最柔软的群体”开展托育服务，不光是民生保障的重点，也是终身教育的推进起点。为提高此类教育服务的有效性，可以开展育婴员、保育员等培训项目，也需要各类教育机构教师参与课程设计和授课教学等工作，以提高教育培训的针对性与有效性。此外，幼儿阶段作为个性倾向性和道德观念形成的萌芽期，是培养良好品德行为的黄金期，在相关育儿师培训项目中，要将课程思政融入幼教，推进职业道德模块的课程建设。确保支持服务项目不仅涵盖科学喂养、疾病预防、早期教育等多方面，还注重引入多元化的服务主体，积极推动服务对象的多样化发展。随着不同领域、不同背景的专业人士参与到婴幼儿健康服务中，包括专业医疗机构、教育机构、社会组织以及家庭本身共同构建全方位、多层次的婴幼儿健康守护网络，可以有效提升终身学习支持服务的能级。

2. 启蒙职业规划——鼓励青少年学生勇于探索

职业启蒙教育目的是为了加强普通教育与职业教育渗透及融通，培养学生对职业的认知、兴趣和规划意识，提高学生实践动手能力。针对这一需求，相关教育机构或社会组织应合作策划系列支持服务品牌项目，以促进青少年学生的职业规划启蒙，不仅可以有效引导学生认识自我、了解职业世界，还能强化培养他们的创新思维、实践能力以及面对挑战的勇气。通过组织职业体验活动、邀请行业专家讲座、开展职业规划工作坊等形式，为学生搭建一个广阔的学习平台，让他们在实践中学习，在探索中成长。通过品牌项目的搭建，激发青少年学生逐渐意识到职业规划的重要性，帮助他们学会根据自己的兴趣、特长与价值观来谋划未来，勇敢地迈出探索职业空间的步伐。通过尝试新事物，不断挑战自我，为他们实现个人梦想与社会价值而提供强大支持服务。

3. 提升综合素养——塑造青年员工独立人格

时代进步与社会经济快速发展为青年员工赢得了社会实践中坚力量的身份地位，其综合素养与独立人格的塑造对于社会长远发展和核心竞争力培育具有至关重要的意义。各部门应积极打造旨在提升青年员工综合素养的系列品牌项目，通过涵盖专业技能培训、领导力开发、创新思维激发等多个维度,以及组织开展实践锻炼、团队合作、文化交流互动,全方位提升青年员工的综合素质,不仅提高他们的专业技能,还能培养他们的沟通能力、团队协作能力、问题解决能力等软技能,更好地适应复杂多变的工作环境。在推进服务对象多样化发展的过程中,可以根据青年员工各自不同的成长背景、兴趣爱好、教育经历与职业规划,为他们提供个性化、差异化、多元化的成长路径支持服务。通过满足青年员工的多样化需求,加强他们对知识与经验的交流共享,在企业内部营造积极向上的学习氛围,推动学习型组织的建立与发展。

4. *关爱银龄生活——陪伴老人安享晚年*

面对日益加剧的人口老龄化趋势,老年人渴求得到高质量的晚年生活支持服务,这已成为社会各界共同关注的焦点。可以通过打造关爱银龄生活的品牌项目,可以更好地关注诸如健康饮食、安全居住等老年人物质生活需求,以及情感交流、文化娱乐等精神生活需求。陪伴与关爱是老年人最宝贵的晚年生活财富,通过多样化的服务方式为老年人营造温馨、和谐、充满关爱的生活环境显得尤为重要。

以上海市养老照护服务评估师培训为例,为了进一步提升养老护理员职业素养、专业素质和综合技能,为老年人的幸福晚年生活保驾护航,养老照护服务评估师培训应坚持需求导向,以老年人实际需求和护理员技能需求为出发点。在不同阶段的支持服务中,积极探索养老照护的学历教育专业建设与相关职业技能培训的有机融合,以“1+X”证书制度为基础,通过科学、有效、系统的培训逐步提升养老机构护理人员专业服务能力,为养老服务业高质量发展和老年人的健康福祉做出更大的贡献。

5. 关注成长成才——助力学生全面发展

社会需求多元化与终身教育理念更新使得学习者全面发展已成为教育工作的核心目标,以培养具备综合素质、创新能力与社会责任感的新时代复合型、高素质人才。现有的家庭教育专业教学、家庭教育论坛、家长学校课堂和家庭教育志愿者培训等精品课程和项目不仅具备很强的推广力度及实操性能,更有助于提升家长整体素质和家庭教育、社会教育质量,完善区域家校社协同育人机制。同时,坚持以终身学习支持服务为抓手,通过关注特殊儿童、贫困家庭帮扶活动,可以推进家庭教育工作落到实处,切实助力孩子成长。

这些教育项目与支持服务应紧密围绕学生的全面发展需求,通过开设特色课程、组织学科竞赛、开展社会实践、举办文化艺术节与体育赛事等活动,为学生提供丰富多样的学习与实践平台,激发潜能、拓宽视野、培养综合素质。还可以与教育机构、企事业单位、社会组织及家庭等多方合作,由教育机构提供教育资源与教学支持,由企业开展实习实训和职业规划等方式帮助学习者了解职场、提升就业竞争力。

(二) 特色化锻造

市民终身学习支持服务需要构建特色化方式,以增强支持服务的针对性。特色化服务指的是服务内容、流程、形式等进行个性化、差异化的设计,以满足不同学习者的特定需求和偏好。终身学习服务方式的特色化可以提升学习者的体验感、满足学习者的多样化需求,增加服务方式的差异化竞争优势。同时,特色化的服务方式也需要终身学习服务提供者具备需求理解能力、实践创新能力与灵活把控能力,以实现终身学习支持服务的个性化和差异化。

在服务品牌特色的选取上，一要有站位的高度。要在围绕重点、着眼全局的高度上谋划相关工作，持续深化党建引领的核心作用。二要有选题的精度。能够厚植优势产业、优势资源，找准支持服务工作与市民终身学习、个体终身成长的结合点。三要有内涵的深度。紧紧扣住品牌创建的具体要求，精确主题、深入塑造，让品牌内核既有深度又有新意。四要有推进的力度。以新形势、新任务的要求为基础上，不断丰富和完善品牌内涵，按照科学有效的实施方案稳步推进。另外，在打造服务品牌的过程中，应注重品牌形象的塑造与传播。通过设计独特的品牌标识、构建精致的品牌文化、策划积极的品牌活动等手段，将品牌理念与价值观传递给目标受众，提升品牌的认知度与美誉度，塑造具有鲜明辨识度和影响力的品牌项目，同时突显区域文化、产业发展及社会需求的独特性。

（三）融合化推进

社会环境的快速变化使得家庭与社区在终身教育中的角色和地位日益突显，它们与学校教育之间的紧密联动成为促进教育协同发展的关键，这种积极协同推进与深化融通发展的实践思路也是适合教育理念的具体表现。家庭责任的重心在于强调早期抚养与启蒙教化，而社会要求不同层次的契约与道德责任相结合。学校在其中所发挥的作用，就是将家庭、社会与学习者之间的契约关系进行衔接，既联系家庭，又桥接社会，这就对家社紧密联动提出的更高要求。

融合化服务方式的推进，旨在打破传统教育服务的界限，构建家庭、学校与社区三位一体的教育生态系统。通过建立家校合作平台，利用现代信息技术手段实现信息共享与家校互动，通过开展社区教育资源调查与整合，挖掘并利用社区内的教育资源为学校教育提供支持，通过推动学校与社区联合开展社会实践活动、志愿服务等项目，增强学习者的社会实践能力与责任感。这个系统强调各主体之间的信息共享、资源互补与功能协同，通过整合各自的优势资源，为学习者提供更加丰富、多元、个性化的学习与发展环境，不仅能促进学习者的全面发展与健康成长，还能提升教育服务的质量与效率。通过整合多方位的家校社协同育人资源，可以助力家校社协同育人机制在全国的建立和实施，打造家校社协同育人高质量发展的范本。

（四）网络化培育

市民终身学习支持服务离不开服务方式的网络化推进。这里的支持服务网络化是指将教育资源与服务机构组织在一个网格状的结构中进行整合和协调，以提供更加高效全面的教育支持。在终身学习服务方式的网络化推进中，各教育相关利益主体（如学校、政府、企业、教育机构、教师、学习者等）和教育资源（如课程、教材、实验室设备等）都成为网格节点，彼此连接和协同合作，共同提供综合的教育服务。通过终身学习服务方式的网络化，实现教育资源共享、教育管理优化、终身学习服务方式创新，从而实现终身学习支持服务的个性化发展。为优化市民终身学习服务方式，可以整合现有的各类信息资源，构建多级服务网络，提升服务的覆盖面和效率，使每个市民都能方便快捷地获取所需的学习资源和支持服务。

构建多级服务网络的首要任务是将各类教育资源进行系统整合，即通过包括学校教育、职业培训机构、社区教育、老年教育以及线上教育平台在内的资源整合,形成统一的信息平台以便市民查询和获取各类学习资源。线上提供的学习资源应强调灵活性与便捷性,线下则以提供实地教学和实践机会为主,二者的有机融合,可以有效提升学习效果。此外,还需要开发统一的终身学习信息平台,包括各类学习资源、课程信息、学习指南和其他配套服务等。通过大数据分析,可以了解市民的学习需求和行为习惯,为市民提供个性化的学习建议和课程学习服务等。还可以运用网络技术设计智能客服进行在线答疑,提高服务的响应速度和质量。

构建多级服务网络的技术支持是建立覆盖省(市)、县(区)、街道(镇)等不同层级的服务网络。具体来说,省(市)级层面负责整体规划和资源整合,县(区)级层面负责具体实施和协调,街道(镇)层面则负责具体服务的提供和反馈。通过多级服务网络能够确保学习资源和支持服务的有效传递,以满足不同层次市民的终身学习需求。推动各级机构之间的资源共享与合作,打破信息孤岛现象,可以实现教育资源的最大化利用,这种通过多种渠道宣传和推广终身学习服务的方式,可以让更多市民了解和参与到终身学习活动中。同时,还要完善各级学习中心的硬件设施,确保学习环境的优质和安全。

(五) 数字化建设

数字化服务方式的建设是提供市民终身学习支持服务便捷性的重要前提。数字化服务方式的建设需要关注以下细节:首先,要能深刻理解数字化转型的核心价值与意义。需要明晰数字化转型不仅仅是将传统服务流程迁移到线上平台,更是通过大数据、云计算、人工智能等先进技术,实现服务的智能化、个性化与高效化。在教育领域，这意味着为学习者提供更加丰富、互动、定制化的学习资源与学习环境，让学习不再受时间、空间的限制，真正做到随时随地，想学便学。其次，要发挥网络教育优势。突破学习时间和空间限制，利用慕课（MOOC）、线上教学、混合式教学等基于互联网的教学模式，可以实现教学方式和手段创新，开展网络远程教育，形成规模效应，降低学习者的学习成本，扩大学习覆盖群体，提供多样化的学习资源和机会。在现代化教学的进程中优化市民终身学习服务方式，充分发挥网络教育的优势。这既能突破学习的时间和空间限制，还能创新教学方式和教学手段，可以构筑规模效应，降低学习成本，扩大学习覆盖群体，提供多样化的学习资源和机会，发挥不同类型网络教学的优势，实现不同的教学侧重。再者，要关注大规模在线学习资源建设。人们在推进大规模在线学习资源建设过程中，开发出了慕课的资源模式。慕课资源是整合知名院校的优质课程资源，为学习者在线提供大量高质量的学习资源，任何人随时随地都可以访问这些课程和资源，学习者可以根据自己的兴趣和需求自主选择合适的课程，利用慕课平台进行学习。慕课教学的核心在于提供优质课程资源、自由运用学习时间、课程覆盖广泛群体。对线上教学模式的利用可以发挥互联网技术优势，为市民提供实时或非实时的教学内容。通过视频直播、录播课程、在线讨论等方式，只要有互联网，市民可以在任何地方进行学习。这种教学模式的本质在于通过实时互动提升学习效果、提供灵活学习方式调整节奏、降低成本使学习经济实惠。混合式教学结合了线上和线下的优点，目的在于为市民提供灵活多样的学习体验。线上教学提供理论知识和基本概念，线下教学侧重实践和互动。该模式强调要灵活自由组合线上线下教学方式、增强互动和实操机会、强调通过个性化学习满足不同需求。

结合上述资源特点,为了营造良好的学习氛围,需要关注以下方面:首先,应当重点推进构建智慧学习平台。利用大数据分析学生的学习行为与兴趣偏好,为他们推荐个性化的学习路径与资源,进一步开发互动式学习工具,如虚拟实验室、在线模拟训练等,增强学习的趣味性与实效性。通过搭建在线交流平台,促进学生之间、师生之间的实时沟通与协作,形成积极向上的学习社群,进而增强对移动学习的应用,让学习成为市民日常生活中的一部分,随时随地获取知识与信息。其次,运用大数据、人工智能等技术,促进教育变革创新。利用这些新技术可以实现学习的精细化、个性化和信息化。开发多元化课程,提升学习内容与个体需求之间的适应性,满足各类人群的个性化教育与学习需求,提升学习者终身学习的兴趣及能力。依托新兴技术,促进资源共享,为构建面向每个人、适合每个人、更加开放灵活的终身学习服务体系提供新动能。

教育部发布的《人工智能促进教育变革创新》强调,一方面,技术应服务育人,在让其“授业”“解惑”的同时,必须坚持教师“传道”的主体地位。另一方面,人也要理解、善用技术,努力提升数字素养和信息应用能力,让人工智能更好地辅助教学。这一要求既有助于促进优质教育资源的广泛共享,也可以通过辅助教学促进教育质量的提升,助力教学范式、教育内容及教育治理等方面的创新,为个性化学习与终身学习提供有效支撑。数字文明时代的教育实践倡导全民学习、终身学习,让学习成为全社会的价值追求。面向未来社会,“人工智能+教育”可以让教育资源得到更加高效、公平的分配,更多市民能够享有更高质量、更加公平的受教育机会。秉持创新、开放、合作的理念,不断探索与实践数字化服务的新模式、新方法，为广大学习者提供更加便捷、高效、个性化的学习支持与服务。

移动学习是当下学习者重要的学习状态与需求，可以很好地满足不同环境下终身学习者的学习需求。数字化学习网络系统的功能是提供信息化的技术支持并切实满足学习者随时随地学习的需求。数字化的学习网络系统需利用现代信息技术，整合各类教育资源，构建市民自主学习和交互学习的网络系统。通过公开政策、提供信息、促进交流，在富民、惠民、安民、便民、乐民等方面切实发挥促进作用。推动现代教育技术与终身学习的深度融合发展，在数字化平台功能、数字化学习体验、数字化资源共享和支持服务等方面进行积极探索与创新实践，实现更加灵活、便捷、多元、精准的泛在学习。数字化支持服务更好地迎合了全民终身学习的多样化需求，有效促进了终身教育的均衡发展，并不断优化终身学习全程的管理服务，能够有效助力构建更加开放、更加适合、更加人本、更加平等、更加可持续的服务全民终身学习的教育体系；通过创新形式、注重实效、提升服务，为全民终身学习提供个性化支持和精准化服务，进而创新区域终身教育发展机制，形成全方位、多层次、立体化的终身教育新格局；通过搭建数字化学习平台将现代信息技术融入终身教育教学全过程，推进线上线下一体化教学，实现学习资源跨区域、跨行业、跨部门共建共享，为全民终身学习提供优质资源推介和全过程、全方位的支持服务；通过充分利用现代信息技术为全民终身学习提供“导学、助学、促学、督学”支持服务，积极培育学习者“愿学、乐学、享学”的学习习惯，促进市民在任意时间、任意地点，可以采用任意方式、任意步调进行自主自助终身学习。

现有不同形态的教育之间各成体系，各类教育条块分割现象由来已久，并将人的一生所接受的教育划分为若干阶段，严重影响和制约了终身学习的可持续性和学习过程的完整性。搭建作为衔接各级各类教育、实现各类学习成果认定的终身学习立交桥的“学分银行”，已成为实现各级各类教育之间“纵向贯通、横向融通”的有效途径和必然选择。通过充分发挥学分银行在构建市民终身学习支持服务体系中的纽带与桥梁作用，实现将“阶段性”贯通为“连续性”，畅通“积少成多”的成长成才通道，将学习理念由“一次学习够用一生”升华为“终身学习一生受用”。学分银行建设应重点围绕搭建组织架构和资历框架、制定标准体系和制度体系、研发信息管理综合平台、提供全过程、全方位的支持服务等方面，为学习者建立终身学习账户，实现“一人一号”，提供贯通终生的学习机会，搭建学校、家庭、社会相协调的终身学习环境，打通原有各类教育之间的壁垒，畅通多种可供选择的成长成才通道。通过“导学、助学、促学、督学”等途径，为学习者引导学习路径、辅助学习技巧、督促学习进度，并对学习过程进行及时评价反馈和成果认定，有效提升学习过程的“参与感、获得感、幸福感”，使学习者感到“学有所得、学有所获、学有所乐”，不断激励全民参与终身学习的积极性和内动力。

市民终身学习支持服务还需要构建适时的学习需求与效果监测机制。为更好地满足学习者个性化学习需求，建立学习需求监测与服务机制是必不可少的管理与运行环节。要设立学习需求监测与服务机构，组建专业的监测队伍开展学习需求监测与定制化学习推荐服务。收集和分析学习者在线学习的相关行为信息，挖掘和发现学习者个性化需求。在此基础上，根据大数据监测分析的结果，为学习者提供定制化学习推荐服务，包括课程推荐、教育机构或办学机构推荐、学习社区推荐等。同时，由教育服务提供者开发具有针对性的教育产品和服务项目，为学习者提供适切性的学习资源，促进学习教育资源供给侧与需求侧之间的契合与对接，助力终身学习者的个性化发展。

四、构筑优质化师资队伍系统

服务市民终身学习的师资队伍面临诸如社会认可度不高、工作任务重、课程头绪多、多方管理多重考核、稳定性不足流失严重、成长通道不畅、发展后劲不足等问题，尤其是从事社区教育教师的专业化发展不足和职业化发展不强等问题比较突出。鉴于所需师资数量庞大、组成多元、管理复杂，加强队伍建设的关键在于充分发挥各自作用，更好地服务于全民终身学习，实现师资队伍建设与管理的一体化，使其发挥所长、人尽其才、奉献社会。终身教育教师通常可分为专兼职教师、管理者、志愿者等类型，可采取以各级各类教育机构教师为骨干、以负责任有担当的管理人员为主体、以热心终身教育的志愿者为补充，使得师资队伍组成更加多元化，并不断动态优化。

（一）增强专业教师的技能素养

1. 提升个体修养破解专业发展制约

第一，教师当秉持永不止步的精神主动迎接时代的变革。为顺应时代变革进行持续的学习和知识的更新，教师应当积极参与培训进修课程、学术论坛、专业研讨会，了解最新的教育方法、技术和研究前沿，跟踪最新的教育趋势和研究成果；针对知识更新制订相应学习计划，力求在教育技术、跨学科教学等方面得到有效提高，以确保与时俱进，满足新的教育需求；教师应当积极参与合作项目和跨学科团队，创建专业发展社群和在线平台，促进教师之间的经验交流和协作。此外，学校也要为教师提供培训和资源，帮助教师更好地利用教育技术，例如在线课程设计工具、虚拟现实等，鼓励教师经过培训在教育科技领域取得证书或专业资质。

第二，教师需竭力克服资源匮乏所导致的困难。这要求加大对终身教育教师专业发展的支持力度，例如提供更多培训资源，从根源上解决教育资源分布不均的问题、增加资金扶持力度激励教师群体自行寻求教育资源的新道路、设计优惠政策吸引更多优质教育资源主动向终身教育实践流动。

第三，教师应努力弥补专业成长与教学实践之间的鸿沟。教师自身需要寻求尽可能多的优质资源加强自身的专业发展，力求能够将所学知识与实际工作相结合，提高培训的实用性，实现理论与实践的紧密结合。此外，教师应当积极参与相关教育研究，并将研究成果灵活运用于教育实践中。

2. 增强专业能力适应课堂教学要求

第一，进一步深化终身教育教师的教学本领。首先，新时代背景下的教师应加强对数据工具的运用能力。随着教育的发展，现代信息技术在学校教育发展历程中所呈现出来的作用越来越突出。丰富的信息化教学资源能够使教师的教育教学理念朝着更贴近时代发展的方向前行，包括开阔教师视野、优化教学手段、提高课堂效率以及促进学校的教育教学发展。教师可以通过各类岗位培训，及时更新自身的教育技术，灵活运用各类在线教学工具来增强教学效果。在运用在线教学工具时要切合实际，既要深入了解相关学习者的学习特点和需求，找准适合的教学策略和方法，又要及时反思、对比分析、不断总结，最大程度上加强信息化资源与课堂教学的整合，发挥信息化资源及设备的优势，真正做到资源为己所用。其次，教师的教学方法需要不断优化和创新。对于区域及学校层面来说，要建立教学团队或教学社区，不断更新有效的教学设备和技能，帮助教师了解最新的教育技术趋势和教学方法；建立及时有效的反馈机制，使学生和教师能够及时交流和反馈教学过程中的问题和需求；此外，还可以设立教学观摩和评估机制，通过同行评审或教学评估来帮助教师发现和改进自己的教学不足。对于教师自身层面，在共享教学经验和自身实践的过程中要进行自我反思和评估，不断完善自己的教学策略和方法；教师之间应多参与跨学科的教学研究和项目，促进跨学科融合和实践性教学深化。再次，教师应总结经验以提升对课堂的主导能力。在课堂上，教师不仅是顺应学习者需求的施教者，而且还是学习需求的引导者。除了增加与学生的互动交流之外，还需要定期收集学习者对课堂教学的意见和建议，利用相关反馈及时了解教学不足并有效改进。此外，还要注重课堂互动和有效参与，积极引导学习者分享学习体会，营造积极的学习氛围。最后，教师当全力追求思政融合教学能力的显著提升。在终身教育实践中，思想政治教育同样是教育工作的重中之重，要努力抓牢对学习者的思想、道德、法律等多方面、多层次的教育。在课堂思政的设置方面，教师应该在课程中将思政元素设置得更加全面和系统，通过多种形式的思政教育活动，引导学习者树立正确的人生观、世界观和价值观；在思政教育的形式方面，教师可以采取思政教育与生活实践相结合的形式，即通过在课堂上利用生动的教育案例和实践活动，引导学习者树立积极的社会主义核心价值观，增强学习者的实践能力和社会责任感；在思政教学方法的运用方面，教师应注重通过课堂讨论、小组报告以及个人演讲等多样化的教学形式，激发学习者的思考和探索能力，引导学习者形成积极向上的人生态度和价值取向。

第二，终身教育教师应加强学科交叉和综合素质教育能力。首先，教师应积极进行跨学科培训与研讨，不拘泥于自己的专业课程，提高自身的跨学科知识和技能，促进不同学科领域的合作，在教学中融合跨学科的课程内容；其次，教师应广泛查阅和使用各类相关的教材与资源，以支持教师在不同学科和领域的教学；再次，在教师教学团队中设立师徒带教制度，由经验丰富的教师指导和支持新教师和年轻教师成长，特别是在跨学科和综合素质教育方面帮助新教师更好地应对挑战。

第三，终身教育教师应优化对课程内容的创新能力。终身教育课程教学应增强适应性和开放性，体现学习型社会对个体的新要求。基于此，教师应积极参与相关专业培训，积极搜集关于课程设计、教育技术和创新教育方法的资源，尝试新的教育工具和在线资源，以更好地创新课程教学。对于创新课程内容，教师可以积极利用跨学科合作的机会，通过聆听不同领域的专家指导培育自身跨学科视角和创新思维，还可以共同开发创新课程。对于创新方向的把握，需要结合学习者定期的学习过程反馈和学习结果评估，增加对学习者学习需求的敏感性，从而明确课程内容需改进和创新方向。此外，教师可以参与相关教育研究项目，以探究最新的教育理论和有效的教育方法，将研究成果直接应用到课程设计中，以提高课程的质量和创新性。

第四，终身教育教师应进一步提升专业研究能力。社会进步与科技发展直接驱动了教育方式变革和教育方法创新，结合市民终身学习需求的多样性特点，提升终身教育教师的教育研究能力变得越来越重要，可以帮助教师更好地适应和运用最前沿的教育理念与教育技术，以满足学习者的学习需求。在深入开展专业研究之前，掌握终身教育研究的基本知识和方法是基石，教师需要了解包括问题提出、概念界定、研究设计、数据收集与分析、成果推广与应用等终身教育研究基本理论和方法。在此基础上，教师要注重实践应用与基础理论的有机结合，将研究成果应用于终身教育实践中，从而促进实践发展与教育创新。因此，教师需要注重实践应用，将自己的研究成果灵活运用于教学实践中，不断提高自己的教学水平。在已有的专业研究基础上还可以加强与业内专家学者的交流合作，通过汲取更多的支持和帮助，共同促进终身教育改革和发展。

第五，终身教育教师应增强团队协作能力。从学校层面来说，教师团队协作能力需要从学校组织上得到支持。通过制订相应的团队建设计划，建立有效的沟通机制，以培训、研讨、团队活动等形式提高教师团队的协作水平，鼓励教师之间开展交流合作促进团队成员的相互理解和信任。从区域层面来说，管理者应加强对教师团队协作能力的引导，既可以通过传统的线下举办研讨会和论坛等方式，与专家学者分享经验和方法，提高教师团队协作意识和水平；还可以搭建线上教师协作平台，通过网络信息化技术实现教师团队的跨时空交流和合作，促进教师团队的协作和创新。从个人层面来说，教师应注重自身专业素养和能力的不断提高，注重学习和研究新的教学理念和方法，增强自身的教育创新能力。在政策、组织和团队的支持帮助下，教师更应主动参与团队研讨和交流合作，获得他人的意见反馈和指导建议，不断完善和改进自己的教学理念和方法。

3. 完善标准设定实现科学评价突破

第一,要完善评价指标体系与拓展多元化评价主体。终身教育管理者应当建立多元评价指标,从教学成果、学生反馈、教师教育和专业发展等多维度、多视觉评估教师表现。通过邀请学习者参与对教师教学效果反馈等形式,让学习者参与到教师评价中,并按照课堂学习情况提供自己的评价观点,用学习者的满意度反馈了解教师教学效果和学习体验;可以通过同事互相评价的方式促进教师团队内部的互动和合作,为教师团队发展提供评价意见与改进建议,以促进教师团队教学质量的整体提高;可以通过自我评价的方式,培养教师的自我评估和反思能力,不断审视自己的教育实践和专业发展;还可以通过对教育研究成果评价的方式,客观衡量终身教育教师对教育实践的贡献。

第二,要注意多样化考核方法的应用。管理者应当设计出多样化的考核方法,通过引入教育项目成果评价,考察教育项目的设计、实施和结果,由此来评估教师在教育与科研等方面做出的贡献。这种评价方式不仅可以帮助教师收集教学过程反馈,还可以帮助教师更好地关注实际教育成效,推动终身教育教师的授课能力提升和教育质量提高。

第三,尊重教师专业发展中的持续不懈努力。终身教育教师标准设定中往往忽视了教师专业成长中的过程性努力,易导致教师的实际工作过程不被充分重视。所以,管理者应关注以下几个方面:首先,要明确过程性评价标准。该评价标准可用于评估教师在课堂内外的工作表现,包括教学设计、课程改进、学生互动等方面的努力。其次,鼓励终身教育教师参与课程设计和开发。将他们的过程性工作纳入评价体系,应考虑课程设计的质量、创新性以及适应性等因素。再次,应支持教师积极开展教学反思。强调他们的教育过程中所做的自我改进努力，评估教师的反思和改进能力，包括对教学方法的实验和创新。最后，还需要对教师进行定期评估和反馈。建立定期的评估和反馈机制，可以在一定程度上确保教师的过程性努力能够得到及时认可和有效指导。通过提供定期的评价报告，可以帮助教师了解自己的进步，发现自己的不足并及时加以改进。

4. 扩大教育理念宣传提升社会认同

第一，应转变社会对终身教育机构的认知偏见。通过各种渠道宣传成人教育与终身教育的重要性，加大与其他企事业单位或社会组织的合作宣传，通过各种媒介强化成人高校在社会发展中的积极作用，鼓励终身教育教师积极利用自媒体进行知识普及和信息宣传，从多渠道提升社会公众对成人教育与终身教育的认知。

第二，要推广和宣传终身教育理念。并非全体社会成员都对终身教育理念有清晰的认知，管理者可以从宣传成人教育与终身教育在提升劳动力素质、推动社会发展等方面的重要作用切入，让更多人认识成人教育与终身教育的价值，更好地宣扬和普及终身教育给社会带来的积极推动作用。

第三，需明晰界定终身教育教师职业前景蓝图。部分社会成员存在对成人高校教师教学水平和能力认可度不高的情况，为了改变此类偏见，终身教育教师可以通过不断提高自己的专业水平，参加专业培训、教学研讨与教学竞赛等活动，积极与同行交流，增强自己的专业素养，提高社会认同度。

（二）拓展管理队伍的协调能力

建立统一的管理机制、加强人才培养和管理、建立有效的评估机制和推动信息化建设,是提高市民终身学习支持服务队伍的服务质量和工作效率的重要举措。

1. 优化对课程教学的分门别类设计

从课程设置上看,管理者需要了解学习者兴趣和需求,确定适合的课程类型和主题,并根据有关数据为学习者提供多样化的课程选择,包括学术类、兴趣爱好类、实用技能类等,以满足不同学习者的学习需求。

从课堂教学方法上看,管理者可以根据不同类型的课程选择适合的课程资源和教学方法。对于学术类课程,可以采用讲座、小组讨论、项目研究等方式,提供相关的书籍、文章和学术资源,以促进知识传授和学术思维的培养。同时,鼓励学习者参与课堂互动,提出问题和进行学术辩论。对于实用技能类课程,可以采取实践操作等方式,为学习者提供相关的工具和材料锻炼动手能力和掌握应用技能;也可以通过演示和示范,在课堂上向学习者展示正确的技能和操作方法;此外,还可以组织学习者开展小组项目或合作任务,以促进彼此之间的互助和合作;最后,根据课堂的表现为学习者提供个性化的反馈和指导,帮助他们提高实用技能。对于兴趣爱好类课程,可以通过实操、创作等形式让学习者亲身参与,沉浸式体验和掌握相关技能。例如,对于绘画课程,可以组织绘画工作坊,让学习者实际操作和创作画作;也可以创建小组进行多人创作或个人项目展示,让学习者在实践中增强对所学知识和技能的运用能力。对于摄影课程,可以要求学习者完成一个摄影作品集或参与摄影展览;此外,还可以邀请相关领域的专家或从业者来讲授课程或分享自己的经验,激发学习者的兴趣和学习动力。

从学习模式上看,市民开展终身学习的时间和方式具有个体差异性，尤其是老年学习者的学习方式差异更大，管理者可以根据学习者的实际情况提供更灵活的学习指导。例如，可以根据具体需要把课程设置为白天或晚上进行，可以提供线上学习资源，或者允许学习者根据自身情况自主选择课程的学习进度和时长。

2. 找准学习需要与教师专业能力的契合点

由于市民终身学习存在需求多样性的特点，现有教师的专业技能未必能与学习者需求高度一致。对此，管理者应组建专门的服务团队，包括开展对市民学习需求的调研和分析、制订针对性的服务计划和方案、对教师进行专业技能培训等探索。

第一，管理者应当明确开设课程的基本前提，并对学习者进行需求调查和分析。通过校内外发放问卷调查、面谈以及小组讨论等方式，从了解学习者的兴趣、目标和偏好的角度预设有关课程及组织形式。

第二，基于学习者基本需求调研，管理者应设计多样化、多形式的课程。通过为学习者提供丰富的课程选择，涵盖不同领域和兴趣以满足学习需求。课后可以根据开课前调研，结合学习者的意向反馈，灵活调整所开设的学术类、兴趣爱好类、实用技能类等课程比例，做好课程建设的后续管理工作。

第三，建立学习平台或提供课后社群服务，为学习者和教师之间提供更多的学习支持和互动机会。可以定期邀请教师或具有相关经验和知识的学习者提供经验交流，帮助学习者更好地适应学习环境和实现学习目标。

第四，持续关注教师专业发展。管理者应保持对学科最新发展和教学方法创新的高度关注，不断进行专业探索与课程开发。通过组织教师开展专业化培训、学术研讨和行业交流等活动，助力教师不断获取最新的教学理念和实践经验，并将其应用于课程设计和教学实践中，提升教学质量和效果。

3. 提升全局把控和制度完善能力

从全局把控能力的视角看，管理者需要加强对校内外事务的综合调度。终身教育教师面对的学习者群体相对复杂，涉及各行各业人员，有的工作任务重，有的生活压力大，因此需要管理者具备高度的敏锐性和全局观念。在制定各项管理举措时，应充分考虑到学习者的实际需求，避免管理上的"一刀切"现象。在日常教学管理过程中，终身教育机构从部门或管理者的角度出发而忽视了学习者实际需求的情况还是存在的，所以，管理者需要提高全局意识和把控能力，协调各方力量，为学习者提供更优质的学习支持服务。

从管理制度完善的视角看，终身教育机构管理者亟需创新和优化现有制度。时代发展和科技进步也必将促使终身教育内容和方式的变革，因此，管理者需要站在时代发展的前沿，及时吸收国内外先进的管理理念和方法，以适应新形势下的教育改革与管理创新。部分终身教育机构在管理制度上的僵化现象依然存在，无法保持与学习者多样化、个性化需求的吻合度。需要管理者在制度设计上充分发挥创新意识，使之更具有针对性和可操作性。

4. 加强服务意识和卓越服务心态

终身教育管理者服务意识的提升有助于营造积极、互助的学习氛围，不仅能使教师在轻松的教育环境中开展终身教育教学工作，还可以提升学习者的课堂学习效率，所以，只有更好地建立服务标准、优化工作流程、规范服务模式，才能提高终身教育管理服务质量和效率。

在顺应学习者需求方面，首先，终身教育机构管理者应深入了解学习者的学习需求，定期开展调查，从学习者的实际需求出发提高教育教学管理质量。其次，应设立课程评价和反馈制度，鼓励学习者对课程设计和课堂教学提出建设性意见，以便及时调整和改进教学内容和方法。再次，应建立畅通的沟通渠道，定期组织师生座谈会、论坛等活动，了解学习者的意见和建议，及时予以沟通解决。在了解教师需求方面，管理者应加强对教职工的沟通协调与培训指导，提高服务意识和服务水平，以更好地满足教学需求。在提高管理能力方面，管理者应关注自身组织的文化建设，营造尊重、包容、平等的教学氛围，让学习者在轻松的环境中自主学习，充分发挥潜能。最后，要不断提升自身的专业素质和服务意识。通过关注教育行业的发展动态，不断学习和借鉴先进的管理理念和方法，以适应和推动终身教育管理改革。

5. 应优化教师管理制度

第一，管理者应当创新教师队伍培训模式。首先，管理者应提高对不同类型教师培训的有效性。应制订针对不同类型和不同层次的终身教育教师的培训计划和培训课程设计，针对教师的专业背景、工作经验和能力瓶颈，制定个性化的培训方案满足不同教师的专业发展需求。还要加强实践性环节培训，使教师能够将专业知识与实际工作相结合，提高培训的实用性。从多元化的培训方式上看，除了传统的面授式培训外，还应探索和开发多元化的培训，如线上培训、研讨会等，满足不同教师的不同培训需求。其次，管理者应多途径加大教育资源开发。在教师队伍培训管理创新过程中，资源不足是一个常见的问题，终身教育机构管理者需要进行深层次探索。一是要制订明确的培训计划,将已有的培训资源合理分配到不同的教师培训领域,确保培训计划与机构的战略目标和市民的学习需求保持一致;二是要积极探索外部资源,不断寻求多方合作机会,例如,加强跟相关高校或企事业单位的沟通合作,构建在线课程平台等,可以在一定程度上增加多样性的培训内容和方法,提升教师的专业培训效果;三是要善用已有教师团队资源,最大限度地利用内部资源,例如,可以邀请有经验的教师或导师分享他们的知识和经验,创建内部专业发展团队,制定培训课程;四是要将培训资源的筹措和预算分配纳入项目规划,确保有足够的经费支持。再次,管理者应优化教师培训的效果反馈。管理者应确保培训的实效性和有效性,例如,可以采用线上培训、实践培训等多种形式,向参训教师提供灵活多样的培训内容和方式,将培训内容和教学方法与实际工作紧密结合,同时建立有效的反馈机制,不断改进和提高教师培训效果。

第二,管理者应积极构建终身学习支持服务队伍的激励机制。首先,管理者应重新评估终身教育教师薪酬结构。薪酬结构的合理评估可以维护薪酬相对公平,最大限度确保教师的薪酬与其工作量和职责相符;管理者可以根据教师的表现和成果优化绩效奖励,提供额外的奖励或激励措施;可基于教师的教育创新、学生满意度、教学与研究成果等方面进行考量;还可以通过透明和公平的评价机制确保教师的工作表现能够得到公正评价;管理者需要制定长期规划,包括教师薪酬和激励机制的跟踪改进计划,在确保与终身教育战略目标相一致的前提下,推进激励项目的可持续发展。通过上述举措改善终身学习支持队伍的激励机制,更好地激发教师的工作积极性,提高教师工作动力和满意度,从而促进教学创新和提高终身教育质量。其次,管理者要制定科学明确的激励政策。采用书面形式予以呈现，可以使教师明确岗位绩效与目标要求，并以此改善自己的教学策略，提高教学绩效。应确保激励政策公平、透明，通过建立有效的绩效评估机制和规范的奖励程序，使得激励机制得以有效执行。再次，管理者应当引入多样化的激励措施。包括薪酬奖励、绩效奖金、专业发展机会、灵活的工作安排、其他福利等，不同教师存在对不同类型激励的兴趣差异，因此提供多样化选择可以更好地满足教师的需求。在激励措施的公平性方面，要确保所设计的激励措施的分配和实施公平，不偏袒特定员工或部门，建立透明的激励分配程序，以避免不公平现象的发生，推动终身学习支持服务有序深化。最后，管理者应当通过拓展服务渠道实现对教师专业发展支持。对于终身教育管理者来说，为教师提供更多专业发展支持是至关重要的，要与社区、学校、企业等机构合作，实现资源共享和信息互通，从多角度、多渠道为教师提供专业发展。一是要制订专业发展计划，了解教师职业目标和发展需求，积极帮助教师明确专业发展方向；二是要大力提供培训和进修机会，鼓励教师参加课程培训、专题研讨与项目研究，提高专业知识和教学技能；三是可以为有需要的教师提供导师，建立带教制度，导师通过分享自己的经验帮助其他教师克服教学困难，提高教学能力；四是可以提供必要的学习机会，允许教师专注自己的专业发展，通过参加学术项目或独立研究更深入地探索自己的专业领域。

第三，管理者应当科学制定教师准入制度。首先，对于学术类课程的教师来说，要明确学术背景要求，确保教师具备相关学科的相应学历要求，必要的课程可要求教师拥有丰富的学术研究和教学经验，以确保他们能够提供高质量的学术课程；在教学能力评估方面，设计科学的教学能力评估机制，包括教学演示、教案设计和学生评价等，据此评估教师的教学方法、学生互动和教育理念是否与终身学习理念相符；在研究和学术贡献方面，需关注教师的学术贡献并作为准入的重要部分，以确保他们对学科的理解和贡献。其次，对于实用技能类课程的教师来说，为确保教师具备与实际技能课程相关的专业技能和丰富的实际工作经验，需要首先考虑是否是相关行业认证的教师或具备特定职业背景的人士；在实际工作案例方面，要求教师提供实际工作素材，以证明他们的实际经验和能力，据此评估教师的案例研究、解决问题和创新能力。再次，对于兴趣爱好类课程的教师来说，应优先关注拥有与兴趣爱好类课程专业一致的教师，重视教师激发学习者兴趣和热情的能力；在教师的创新能力方面，评估教师的创造力和创新能力，以确保他们能够设计吸引学习者兴趣的课程；在教学技巧方面，要对沟通能力、团队合作和教育心理认知等方面进行考察，确保教师能够有效地传授兴趣爱好类课程知识。不同类型的教师需要不同的准入标准和评估方法，以确保他们适合其所讲授的课程类型。管理者应根据教师的特点和课程类型，制定科学的准入制度，以提高终身学习支持服务的多样性质量标准和要求。

第四，管理者应当完善教师职称评定制度。首先，管理者应当进一步完善教师职称评审标准，即制定科学的评审标准和相应指标、明确评审流程、建立相应的考核和评价体系，以保证评审的公正性和客观性，还要能更好地反映终身教育教师的实际表现。其次，对于评审程序可进行相应简化，通过程序和流程的简化来缩短评审周期、提高评审效率、降低评审成本，必要时可以采用在线评审等新型评审方式，不仅可以激发教师对于职业发展机会的把握，也可以进一步提高评审效率。再次，针对终身教育教师的不同特点制定差异化评审制度，在制定符合终身教育特点的职称评审制度时，充分考虑到教师的专业知识和教学能力，充分关注他们在实践中的具体表现和实际贡献。

（三）培育志愿精神的实践能力

在终身教育新需求下，作为终身教育支持服务队伍的重要组成部分的志愿者群体，尤其是校外自发从事志愿服务的志愿者群体，他们在推动终身学习志愿服务过程中会面临一系列的挑战与困境。必须以终身教育理念为引领，对这个群体的服务方式进行全面引导和规范，以更好地开展市民终身学习支持服务的志愿行动。

1. 积极落实终身教育推进制度

终身教育推进制度是一项旨在宣传终身教育与终身学习理念、增强终身学习氛围、拓展终身学习实践、提高全民素养的志愿服务项目。作为终身教育的推广者和传播者，志愿者们可以在这一制度中发挥着举足轻重的作用。终身教育推进制度有助于建立一个更具包容性和支持性的终身学习支持服务生态系统，为各个年龄段的人提供终身学习的信息和机会，不断提高市民融入终身学习的意愿与成效。

在信息传递的落实方面，首先，志愿者们可以利用网络平台和社交媒体，发布关于终身教育的资讯和政策信息，让更多的人了解终身学习的意义和价值；其次，志愿者们应通过撰写文章、制作宣传册和海报等宣传品，以一种更加直观、生动的形式向广大市民展示终身学习的魅力；再次，志愿者们还可以组织各类讲座、研讨会、培训班等活动，邀请专家学者分享关于终身教育与终身学习的经验认知。

在相关制度活动的宣讲和落实方面，终身教育推进志愿者需要主动参与到各类终身教育活动中，通过与各类学习群体互动，提升他们对终身学习的认识和感知。必要时还可以深入社区、学校及相关企事业单位等场所，为公众讲解终身教育政策、制度和实践举措，通过传播终身学习政策吸引更多的市民融入终身学习的时代潮流。

2. 大力提升志愿者的服务意识

在终身学习推进过程中，要不断提升志愿者的自我认同感，使志愿者了解自身工作和服务的目的和意义，了解作为终身学习推进志愿者可能为社会进步发挥的积极作用。还要在了解自身工作价值的基础上，增强终身学习支持服务意识，学会有效沟通和听取反馈建议等方面的能力。同时，要以实际行动促进志愿者服务意识的增强，积极主动开展志愿支持服务。另外，还可以专门为志愿者群体创造社交网络、建立志愿者社区，让志愿者有机会交流、分享经验，不仅可以增强志愿者的凝聚力，更让他们拥有强烈的归属感。

3. 持续增强志愿者的能力水平和技能层次

能力的提升离不开持续的学习，作为终身教育推进志愿者队伍中的一员，学习是促他们成长的终身过程，持续学习可以帮助志愿者不断提高自己的服务能力。此外，志愿者之间应当加强合作，通过与其他志愿者进行组织合作，可以了解更多的服务机会和服务方式，交换各自志愿服务的心得体会，从而提高自己的服务技能。

4. 不断加强对自发组织的校外志愿者的合理引导

虽然校外机构自发组织的志愿者愿意积极投身于终身学习

的支持服务，但由于缺少专业引导，他们可能在教学方法、学科知识更新、学习成果评估等方面存在心有余力不足的困境。为确保终身教育推进的实际成效，需要制定系列建议予以引导。

在终身教育志愿者的资源支持方面，要采取有效措施确保他们能够积极履行志愿服务的使命。首先，关于资金问题，可以建立更为灵活的融资机制，包括政府拨款、企业赞助、社会捐赠等多元来源，以确保足够的经费支持。同时，倡导建立终身教育基金会或专项基金，专注于支持志愿者培训、学习资源采购以及项目的持续发展。其次，关于服务水平问题，可以通过建立合理的志愿者招募与管理机制来解决。包括提供专业培训，提高志愿者的教学辅助水平和终身学习理念的传递能力。再次，还可以建立激励机制吸引更多的专业人士参与志愿服务。可以给志愿者颁发相关志愿服务证书、学分或其他形式的认可，使志愿者更有动力参与并长期投入志愿服务行动中。最后，可以推动形成志愿者社群，促进经验分享和合作，进一步优化人力资源的使用效益。通过综合考虑并改善资金和人力方面的支持，帮助终身教育志愿者更好地发挥作用，促使市民终身学习理念深入根植社会。

为开展终身教育志愿者的专业引导，可以从专业素养和服务策略等层面提供完善建议。首先，关于专业素养，可以开展系统性的培训和学科知识更新计划，确保志愿者能够持续提升自身专业水平。还可以组织由专业领域专家开展的培训，提供最新的学科知识和教学方法。可以建立导师制度，由有经验的志愿者担任导师，为新加入的志愿者提供指导和支持。另外，可以与高等教育机构、专业培训机构建立合作，利用他们的资源和专业知识为志愿者提供深度培训。其次，关于服务策略，可以制定明确的服务指南和流程，以规范志愿者的服务行为。通过设立服务标准，包括学习目标的设定、个性化学习支持、定期评估等方面的要求，确保志愿者的服务更具规范性和针对性。鼓励志愿者与学习者建立密切的互动，提供个性化的学习建议，以满足学习者多样化学习需求。还可以通过定期的团队会议或经验分享等活动，促进志愿者共同探讨和改进服务策略，提高整体服务水平。通过提供系统性的专业培训、建立导师制度、制定明确的服务标准和流程等手段，可以帮助终身教育志愿者更好地应对专业挑战，提高他们的服务质量和影响力。

为加强对终身教育志愿者开展科学有效的学习成果评估引导，可以采取系列综合措施，提高评估的标准化、多样性和适应性。首先，为统一评估标准，可以建立清晰的评估框架和标准体系，确保志愿者根据具体的学习目标和内容进行科学评估。通过制定详细的评估指南和流程，明确评估的重点和标准，利于与学习者制定共同的学习目标。其次，为增强志愿者使用多样化评估工具的能力，可以提供专业培训，以提升志愿者对各类评估工具的选择和判断能力，鼓励志愿者灵活运用不同的评估手段，更全面地了解学习者的学习成果。再次，为帮助志愿者应对学习者多样性特点，可以制定个性化的评估策略，通过关注学习者的背景、学科兴趣、学习风格等因素，量身定制适合不同学习者的评估方法。最后，通过鼓励志愿者与学习者保持密切互动，建立双向的反馈机制，以便更好地理解学习者的学习需求和反馈。

通过建立清晰的评估框架、提供专业培训、鼓励灵活运用多样化的评估工具，开展个性化的学习评估，可以有效提高终身教育志愿者的评估水平，确保评估更加科学、规范，更好地服务和满足学习者的终身学习需求。

第七章

市民终身学习支持服务体系的未来展望

联合国发布《变革我们的世界:2030 年可持续发展议程》,提出"优质教育"的可持续发展目标,"确保包容和公平的优质教育,让全民终身享有学习机会"。终身学习是每位个体可持续发展的必然要求,对于促进人的全面发展、提高市民受教育程度、全面提升人力资源开发水平具有重要意义。构建服务全民终身学习的支持服务体系,是建设学习型社会、学习型大国的关键举措,有助于推动教育治理体系和治理能力的现代化。终身学习的根本要义是从学习者的主体需求出发,在其生命的各个阶段,提供相对应的教育服务,从而保障学习者在人生不同阶段中的各种学习需求都能得以满足,使终身学习权得以实现,激发个体终身参与学习的积极性和热情,以营造良好的社会学习氛围。

一、深化数字化转型

人工智能、大数据、云计算、5G 网络技术、虚拟现实和增强现实(AR)等新兴数字智能技术的快速发展不断打破传统教育的时空限制,满足市民多样化的学习需求。教育数字化成为推动市民终身学习支持服务体系变革的重要力量和加速转型方向，应充分利用数字智能技术，推动终身学习支持服务体系的数字化转型和创新性发展。

（一）完善数字化转型规划

需要明确终身教育数字化转型的具体目标，提高学习资源的可及性、个性化学习体验的提升度、教育质量提高的整体性等要求。对当前终身教育领域的数字化水平进行全面评估，包括数字技术基础设施、数字资源、教师数字素养等方面。基于评估结果制定详细的数字化转型战略规划，明确阶段性目标、关键任务和预期成果。在具体推进层面，应成立由教育专家、技术专家和管理人员组成的专项小组，负责数字化转型策略的制定与实施，将数字化转型规划分解为若干阶段，每个阶段设定具体的目标和任务，确保有序推进。

（二）加强技术研发与创新

密切关注大数据、云计算、人工智能、物联网等前沿技术，探索其在终身教育领域中的应用。研发适应终身教育需求的数字化学习平台，提供个性化学习推荐、在线互动、学习成果认证等功能，通过提供更便捷、更多样化的学习渠道和丰富的学习资源，提升学习平台的智能化水平和服务质量。通过与相关高校、科研机构和企事业单位建立合作机制，共同研发适用于市民终身学习的数字化技术和产品，并根据用户反馈和技术发展，持续对数字化学习平台进行迭代升级，确保其功能的先进性和实用性。通过大数据分析，更精准地了解学习者的需求和兴趣，从而提供有针对性的学习资源和路径规划，提高学习效果和满意度。

（三）实施数智化可行方案

针对不同地区的经济发展水平、技术基础和教育需求，需要制定差异化的数字化转型实施方案，尤其应加大对欠发达地区的支持力度，通过政策引导、资金扶持和技术援助，推动其终身教育的数字化转型。鼓励政府、学校、企业和社会组织等多方参与终身教育的数字化转型，形成共建共治共享的良好格局。可以探索政府购买服务、校企合作、社会捐赠等多种模式，为终身教育数字化转型提供资源和资金支持。还需要构建终身教育数字化转型的长效机制，建立健全数据安全管理制度和应急预案，确保数字化转型的持续推进和不断优化。

（四）提高数字化服务质量

整合优质教育资源，开发多样化的数字课程和学习材料，利用大数据和人工智能技术为学习者提供个性化的学习路径推荐和资源配置，满足不同学习者的需求。通过建立终身教育数字资源库，对各类资源进行分类、标签和索引，以方便学习者快速找到所需资源，可以引入智能辅导系统为学习者提供实时学习指导和反馈，提高学习效果。

通过定期组织教师、管理者、志愿者参加数字化教学和管理技能培训，提升支持队伍的数字素养和教学能力，使他们能够更好地利用数字化工具进行教学。可以建立科学的数字化教育质量评价体系，利用数字化手段对教学过程和学习成果进行监控和全面评估，及时发现并解决终身学习过程中的实际问题，以帮助学习者在更好地融入数字化学习过程中取得收获。

二、融通多元化资源

面对市民终身学习需求,可以鼓励各级各类教育机构、社会团体、公益组织等共同参与市民终身学习资源建设,遴选和开发符合市民切实需要的多元化学习资源。建立学习资源的共享机制,打破信息孤岛,实现各类学习资源的互联互通和共建共享。还可以加强与国际优质教育资源的交流与合作,提升我国市民终身学习服务的国际化水平。

(一) 明确市民学习需求

受工作和生活等多种因素制约,市民终身学习很难集中进行,面对学习中的困境,市民也往往很难获得专业指导和帮助,往往会导致学习效果欠佳。因此,要引导市民进行终身学习需求的自我评估,明确自己的学习目标、兴趣及当前的知识技能水平。就其学习内容而言,需要了解市民学习的侧重点是在职业技能提升、兴趣爱好培养还是生活知识学习;就其学习方式而言,需要了解市民学习是倾向于开展网络资源学习,还是希望诸如讲座、研讨会、工作坊等线下学习;就其学习动力而言,需要了解市民是希望提高职业技能,以获得更好的工作机会和晋升机会,还是提升自我素养,实现个人价值,又或是结识志同道合的朋友,扩大社交圈。可以基于以上评估结果,设定短期与长期的学习目标,从而确保市民终身学习的目标具体可实现、过程明确可衡量、促进生活且时间有保障。

（二）明确资源融合策略

为实现学习资源的有效融合，可以通过资源分类将学习资源按照科技、艺术、语言等领域、编程、市场营销、心理学等专业和难易程度进行分类。可以根据学习目标将资源结构整合成系列课程或学习路径，确保内容连贯、逐步深入。还可以将诸如编程与艺术创作相结合促进思维碰撞与实践创新，实现资源跨领域协同。在资源整合过程中，还需要紧跟社会发展趋势，关注行业发展动态和最新技术成果，不断更新终身学习资源库，完善学习资源融合效果。为记录和验证市民终身学习成效，还可以建立市民学习成长档案，记录学习历程与成就，结合实践反馈，定期推进市民终身学习策略调整，激励终身学习持续进步。

（三）明确资源的多元化

为确保市民终身学习成效，可以强化终身学习形式与媒介的多元融通。既可以加强对书籍、期刊、教科书等传统的纸质媒介的整合，还可以推进电子书、在线课程、教育视频、音频教材等数字资源的整合，形成市民终身学习“工具箱”。通过强化不同学习媒介与学习资源的紧密融通，可以满足不同学习者多样化的学习需求。科技的进步会催生更多虚拟现实、增强现实、人工智能等新兴技术广泛应用于终身学习资源中，可以为学习者提供更加沉浸式和个性化的学习体验。

对于学习资源的获取，可以探索多元化获取方式，以满足不同学习状态与需求。市民既可以通过线上教学平台、移动学习应用、数字图书馆等多种方式获取学习资源，也可以通过线下讲座、研讨会、实地考察等活动实现学习资源的线上线下获取方式的有机结合，发挥不同类型教育资源的综合优势。同时，还可以不断增强学习资源获取的个性化与多元化适应。通过学习分析技术为每个学习者量身定制学习路径和推荐适合的学习资源。结合不同学习者不同的学习风格提供诸如文本、图像、音频、视频等多种形式学习资源，以满足不同学习者的偏好和需求。科技发展和社会变化会使得学习资源更趋向多元化发展，不仅能丰富学习者的学习体验、激发学习兴趣，也能提高终身学习的效果和质量。

三、构建一体化服务

加强市民终身学习一体化机构服务，推进社区教育优质校建设，依托社区开发多样化课程，满足社区居民的个性化终身学习需求，提高社区居民整体素质。针对老年人群体的特点，提供智能技术应用培训、网络基本知识普及等老年数字教育服务，帮助老年人跨越数字鸿沟，享受数字化学习的便利。推动职业教育和继续教育的发展，为市民提供学历和非学历、职前和在职等多类型的继续教育服务，满足市民职业发展和个人成长的需求。

（一）构建一站式学习平台

为提升市民终身学习服务质量，可以打造集课程学习、学习管理、互动交流于一体的结构性终身学习服务平台，通过整合优质学习资源，采用先进的信息技术增强数据安全性与稳定性，提升平台良好的用户体验感、实现终身学习的结构性服务体验，满足不同年龄层、不同学习需求用户的终身学习需求。

平台构建过程中可以根据市民的学习需求、兴趣和能力，智能推荐学习课程和资源，追踪记录学习者学习时长、完成度等进度。还可以设置课程更新、作业提交等智能提醒，在论坛社区分享学习心得，方便市民参与话题讨论和在线互动，以确保市民终身学习服务平台资源供给的针对性和有效性。

（二）推动实体与线上融合

在市民终身学习平台建设过程中，可以分别组建实体学习中心和在线学习平台，引导市民确立线上线下融合的学习模式，满足不同市民的学习偏好。可以将虚拟现实和增强现实技术广泛应用于终身学习场景，为实体学习中心配备诸如智能教室、虚拟实验室等现代化教学设施，增强市民学习过程互动的有效性。通过举办学习成果展示与优秀学习行为表彰等活动，完善学习成果的认证体系，实现终身学习成果的有效转换，有效激发市民的学习热情。同时，可以安排专业的学习顾问为市民开展心理咨询与辅导服务，提供终身学习规划、课程选择等方面指导，在帮助市民克服终身学习过程中的心理障碍的基础上不断提升学习效果。

（三）织密社区学习网络

开放教育的不断深化使得终身学习资源的积聚越发明显，学习资源的获取也更加便捷高效，全球化共享终身学习资源正逐渐成为主导趋势，通过对世界不同地区不同模式学习内容和学习方法的获取，可以不断拓展市民终身学习空间。可以在社区层面构建集多元化、包容性、高效性于一体的学习生态网络，将社区居民、学习者、教师等终身学习相关者紧密连接，建立学习小组、兴趣社团等学习社群，促进学习者之间的交流与合作。

通过开展学习角交流和图书漂流等活动鼓励市民在相互学习与知识分享中不断提升。还可以结合学习者满意度调查与终身学习效果评估等活动收集反馈意见,调整学习内容、方式及资源,持续优化学习网络,使其成为一个充满活力、高效运作的终身学习生态系统,有效满足市民终身学习需求。

四、完善体系化评估

为促进市民终身学习质量提升,需要加强对终身学习实践的有效监测。通过对评估系统的数据治理,在确保数据及时、准确和完整性的前提下,对市民终身学习情况进行有效监测和评估,探索建立市民终身学习评价体系和激励机制,鼓励市民积极参与终身学习。

(一) 评估目标的明确与细化

为增强市民终身学习检测的科学性,可以对评估目标进行多层次设计。可以涵盖基础知识掌握、技能提升、创新能力、情感态度、社会参与等多个维度,以适应不同学习者的全面发展需求。还可以以个性化发展为评估依据,鼓励学习者根据个人兴趣、职业规划、生活需求等设定个性化学习目标,并纳入评估体系,以增强学习的针对性和有效性。同时,还需要对评估目标进行动态调整,通过不断更新评估目标了解市民学习的进步成效,确保评估目标的科学性。

(二) 评估内容的全面与深入

评估内容不仅应包括学科知识和技能,还应涵盖跨学科能力、诸如沟通表达、社交能力与团队合作等软技能，以及创新思维、心理健康、社会责任感等。通过增加对学习者实际操作能力、问题解决能力的评估，考察学习者将知识应用于实践的能力。还可以加强对学习者包括信息获取、批判性思维、持续学习习惯等自我驱动能力的评估，进一步获取和鼓励市民终身学习的态度。

（三）评估方法的多样与灵活

面对市民终身学习的多样性、多层次性等特点，规范评估方法是获取科学结论的重要前提。可以通过在线测试和学习管理系统实时追踪学习者的学习进度，结合线下实操考核、面试考查及成果展示等多种形式，实现对市民终身学习的多角度、立体化综合评估。还可以加强对过程性评价、自我评估与同伴评价相结合的方式激励学习者增进学习态度、激发学习动机、实现学习成效。终身学习实践中的情境模拟与项目式评估也是有效获取学习成效的重要途径，可以考察学习者在特定情境下发现问题、分析问题和解决问题的能力，从而实现对他们的综合素养和潜力的全面评估与研判。

（四）评估标准的科学与合理

为积极探索市民终身学习成效，可以以差异化评估标准进行有针对性评判。针对不同学习者群体、学习目标和学习内容，设定差异化的评估标准，以体现终身学习的个性化和包容性。通过邀请教育专家、行业专家参与评估标准的制定和修订，定期开展对评估标准的审视和调整，确保评估标准与最新教育理念、社会需求和技术发展保持同步，确保评估标准的科学性和前瞻性。还需要加强评估反馈与迭代。通过建立评估结果的反馈机制及时向学习者提供具体、建设性的反馈，并根据反馈结果为学习者制订个性化的学习计划和发展建议。还可以建立长期跟踪机制，关注学习者的成长和发展，为学习者提供持续的支持和指导。

（五）评估保障的专业与支持

为确保市民终身学习评估的科学规范，需要强化专业培训。为评估者提供专业培训，提高其对评估理念、方法、标准的理解和应用能力，确保评估的准确性和有效性。还需要开展技术融合支持。利用现代信息技术，如大数据分析、人工智能等，优化评估流程，提高评估效率，同时为终身学习者提供个性化的终身学习路径和评估建议。要加大资源投入。确保评估所需的资金、人力、物力等资源充足，为评估活动的顺利开展提供坚实保障。

五、加强制度化支持

面对瞬息万变的社会知识，终身学习将是冲破人类进步阻碍、不断发展前行的重要途径。因此，现代社会不仅要大力倡导持续终身学习的理念，还要以规范的制度支持为其注入不竭动力，让每一位终身学习参与者都能在求知之旅上充满定力、充满信心和希望，为自身进步与社会发展注入新活力。

（一）培育多元化学习组织

推动市民终身学习高质量发展，需要不断增强学习组织的积极引导作用。可以鼓励政府、学校及相关企事业单位、社区及非营利组织等多方参与,共同构建终身学习服务网络。针对青少年、在职人员、老年人等不同群体的学习需求,成立专门的学习组织或中心。依托社区、图书馆、科技馆等公共资源开发多样化课程,满足学习者的个性化学习需求。还需要建立完善的学习组织管理制度,明确组织的职责、目标和任务,推动各类学习组织之间的合作与资源共享,形成协同效应,提高资源的利用效率和覆盖面。

(二) 推动学习服务标准实施

为提升市民终身学习服务的质量,可以借鉴国内外先进服务理念,制定涵盖学习内容、教学方式、学习资源、学习效果评估等方面的终身学习服务标准。通过加强对终身学习服务机构的监管,鼓励社会各界参与标准的实施与监督,塑造以科学的服务标准推动终身学习深化发展的良好氛围。还可以根据社会发展和学习需求的变化,鼓励学习服务机构积极参与服务标准制定与修订,共同促进市民终身学习服务实践的合理推进与有效落实。

(三) 拓展队伍职业发展通道

为了全面提升终身学习服务水平,需要关注支持队伍的整体素质和工作效能,应建立支持队伍职业化发展通道,确保终身学习支持服务能够持续为市民终身学习提供高质量、多元化的服务。可以建立跨学科、跨领域的人才引进机制,为终身学习服务队伍注入新活力和创新思维,推动终身学习服务高质量发展。还要建立明确的职业晋升机制。包括制定详细的职业发展路径，各岗位晋升标准和要求，确保支持服务队伍能在公平、公正的环境中获得晋升机会和发展通道。还必须加大对终身学习服务队伍的培训力度，提升服务人员的专业素养和服务能力。这将有助于推动终身学习服务的高质量发展，满足人民群众日益增长的学习需求。

结语

在刀耕火种的原始社会，知识主要通过口耳相传的方式在小范围传播，这种教育方式受限于传播效率和范围。随着印刷技术的出现，书籍成为知识传播的重要载体，极大地促进了文化的传承和知识的积累，使得教育更加系统化和广泛化。伴随着工业革命的到来，不仅要求劳动力具备新的技能，也促使教育体系开始注重实用技能和科学知识的传授，以适应工业化生产的需求。学校教育逐渐成为主流，为培养适应工业化社会的人才奠定了基础。

如今，我们正处于信息化发展浪潮中，网络信息技术、人工智能等新技术的发展，给教育带来了前所未有的冲击和影响。这些技术改变了知识的获取方式，为适应快速变化的社会和经济环境，教育内容和方式也必须不断创新。传统的学校教育模式因具有固定性、滞后性和单一性等特点，难以满足个性化学习和终身学习的需求。在信息瞬变和知识快速更新的今天，终身学习已成为个人发展和社会进步的必然要求。人们需要不断学习新知识、新技能来适应不断变化的工作环境和生活需求。这要求教育体系必须向更加开放、灵活、个性化的方向发展，提供多样化的学习资源和途径。

面对信息革命的挑战，教育亟需重塑。立足我国服务全民终身学习的发展现状，紧跟国内外发展前沿，服务于人民对美好精神文化生活的向往，充分结合新时代经济社会发展对终身教育事业提出的新机遇、新挑战、新要求，从市民终身学习高质量发展的视角深入探究构建市民终身学习的支持服务体系的新方法、新途径、新模式、新策略、新举措和新成效，深化终身教育供给侧结构性改革，建立渠道畅通、灵活开放多样的学习支持制度，有效助力教育现代化，为我国终身教育体系构建和加快学习型社会建设、更好地促进全民多样化的终身学习提供有力支持服务，确保市民终身学习高质量发展。

后记

随着全球化的持续深入和社会的加速发展，终身学习理念在当下备受关注。习近平总书记在2023年5月的中共中央政治局第五次集体学习时强调："要建设全民终身学习的学习型社会、学习型大国，促进人人皆学、处处能学、时时可学，不断提高国民受教育程度，全面提升人力资源开发水平，促进人的全面发展。"因此，不断完善全民终身学习的支持服务体系，对保障全民享有终身学习的机会、办好人民满意的教育具有十分重要的意义。

作为服务区域全民终身学习的重要力量，上海开放大学普陀分校（上海市普陀区业余大学）在建立健全政府统筹、教育牵头、部门协同、社会参与的全民终身学习推进机制等进程中一直发挥着重要作用。为更好地深入实施和推进，2022年，在区教育局的指导下，学校组建课题研究团队，申报了《以零距离理念优化市民终身学习服务体系建设》项目课题，并成功成为上海市"十四五"教育综合改革终身教育领域内唯一列入的X项目。该项课题旨在深入践行"人民城市人民建、人民城市为人民"重要理念，以"零距离"为核心理念，以"为每一个学习者提供适合的终身教育"为发展方向，以教育科学理论为指导，从优化市民终身学习的服务机制、服务资源、服务载体、服务方式、服务队伍等维度出发，来研究探索区域全民终身学习支持服务体系的构建问题。经过两年的探索实践，该项课题取得了一定的成果与成效。现将部分主要成果汇编成《支持服务体系：市民终身学习的阶梯》一书，以飨读者。该书共分七章，不仅阐述了终身学习的理论与发展、市民终身学习的时代需求，而且对市民终身学习支持服务体系的基本内涵、构建举措、实践困境等一一进行了重点解析，更对如何优化市民终身学习支持服务体系进行了探索实践，并对市民终身学习支持服务体系进行了未来展望。

该书凝聚了课题组全体成员的智慧和心血，也汇聚了学校发展研究部同仁们的付出和奉献。特别是王仁彧教授和计莹斐讲师对书稿各章节内容进行了认真细致地编辑校对工作，最终由本人会同王仁彧教授完成了对书稿的统稿和定稿。在编写过程中，得到了上海开放大学原副校长、上海市社区教育协会会长王宏，上海开放大学发展研究部原部长杨晨，上海开放大学普陀分校（上海市普陀区业余大学）金德琅教授和魏子华副教授等悉心指导。王宏会长还为书稿作序，使书稿增色不少。书稿的付梓成书也得到了上海世纪出版股份有限公司远东出版社的大力支持！在此一并表示衷心感谢！

教育兴则国家兴，教育强则国家强。持续完善服务全民终身学习的支持服务体系，方能让人民群众充分享有更多学习的机会、更加便捷的学习资源、更高质量的教育服务，更有力地推动教育强国建设，办好人民满意的教育。实践发展无止境，探索创新无止境。由于编者水平有限，书中难免存在疏漏和不足之处，敬请广大读者批评指正。

徐文清

2025 年 1 月